Andreas Pittler
Geschichte Österreichs

オーストリア現代史
1918-2018

アンドレーアス・ピットラー
青山孝徳 訳

成文社

オーストリア現代史　１９１８—２０１８——目次

凡例

一、本書はAndreas Pittler, Geschichte Österreichs 1918 bis heute, PappyRossa Verlag 2018を訳したものである。

二、訳書のタイトルは『オーストリア現代史　1918―2018』とした。

三、人名の発音表記は、原則としてDUDEN発音辞典にしたがった。ただし、慣用にしたがったものもある。たとえば、同辞典でRennerは「レナ」だが、本訳書では「レンナー」とした。

四、地名表記は、かならずしも統一されていない。歴史的変遷を考え、記述対象となった時代の地名と現在の地名とを併記するよう努めたが、日本で、より馴染みのあると思われる英語名を、片仮名表記しただけのものもある。（たとえばボヘミアを使い、ドイツ語のベーメンあるいはチェコ語のチェヒを使用していない）。あるいは、ドイツ語の歴史的地名を、片仮名表記しただけのものも残る。

五、訳注は丸括弧（　）の通し番号を付して巻末にまとめた。

六、本分中の鉤括弧［　］は、訳者による補注である。

七、原書に人名索引はないが、本書では読者の便宜を考え、五〇音順の人名索引を付した。

八、カバーの写真は、オーストリア・グログニッツにあるカール・レンナー博物館（Dr. Karl Renner-Museum für Zeitgeschichte Gloggnitz）から提供を受けた。ここに記して深く感謝申上げる。

オーストリア現代史　１９１８—２０１８

Andreas Pittler, Geschichte Österreichs 1918 bis heute,
PappyRossa Verlag (Köln) 2018

1　共和国誕生

(1)「ヴィーリブス・ウニーティース（皆で力を合せて）」から赤旗へ

「この地上のすべてがひれ伏すぞ！　オーストリアに」。皇帝フリードリヒ三世［在位一四五二〜一四九三］によるこの大胆な予言は、二〇世紀初頭にはすでに長らく外れたものになっていた。確かにハープスブルク帝国の公式名であるオーストリア＝ハンガリー君主国は、いまだヨーロッパ五大強国の一つに数えられていた。本来このことだけでも、すでにまったく驚くべきことだった。というのは、一つの家系に属する者たちが君主を務める幾多の王国や領邦の寄せ集め［ハープスブルク帝国］のように、幾度も没落の縁に立った国家は他になかったからである。この家系は二〇人を下らない神聖ローマ皇帝(1)を輩出していた。

上記フリードリヒの予言が実現したかと思われる歴史の瞬間があった。ひ孫のカール五世［在位一五一九～一五五六］が、西はメキシコから東はフィリピンに及ぶ帝国を統治した時のことである。だが、それからわずかしか経たないうちにオスマン・トルコがウィーンに押し寄せて［一五二九年］、このハープスブルク家に迫る脅威を永遠に払いのけるのに二〇〇年近くを要した。ところが、やっとこの脅威がなくなった時に、男系が途絶えた［一七四〇年］。この時ハープスブルク帝国は、没落の縁に追いやられたように思われた。そしてナポレオン戦争が同じように、ハープスブルク家の帝位を揺るがした。ついには一八四八年の市民革命によって帝国が数多くの国に分裂しないよう、数々の政治的な術策を駆使しなければならなかった。

この危機を、皇帝、フランツ・ヨーゼフ一世［在位一八四八～一九一六］の帝国は乗り切った。彼の統治は七〇年に及び、皇帝はいわば国家の絶対的な尊父になった。ヨーロッパで三番目、世界で四番目に大きな都市であるウィーンは、比類なき首府と謳われた。まばゆいばかりの数多くの舞踏場があり、誰もが知るウィーンの蠱惑が満ち満ちて、シュラメル音楽を奏でる楽しげなホイリゲがあり、ブルク劇場では初演が祝われた。ヨハン・シュトラウスのメロディーに合わせ、「さあ、皆様ワルツを」となじみの声がかかった。

軍人たちは世界のどこにも類のない派手な制服を身に着けていた。着飾った騎兵将校たちがシルクエッケ[2]を「威風堂々と行進」すると、うっとりするのは「ウィーンの洗濯娘たち」だけでなかった。ウィーンの市民たちは「レプシ Lepschi」（ぶらぶら歩き）に出かけ、「ガウディ Gaudi」（楽しい時）を過ごし、「セルヴス Servus」（じゃ、また）と陽気に言い合って別れた。その傍らでウィーン分離派の面々が芸術に新たな尺度を設定した。グスタフ・クリムトとエゴン・シーレは、絵画に新たな道を示し、オットー・ヴァーグナーとアードルフ・ロース、ジョゼ・プレーチュニクは、建築に革命をもたらした。ライナー・マリーア・リルケとアルトゥル・シュニッツラー、シュテファン・ツヴァイクは、ドイツ語で書かれる文学に力強い刺激を与えた。ウィーンの医学は、カール・ロキタンスキーやヨゼフ・シュコダ、リヒャルト・ヴァーグナー＝ヤウレク、カール・ラントシュタイナーのおかげで世界的な名声を博し、さらにジークムント・フロイトとアルフレート・アードラーによる精神分析の展開によって高く評価された。

ところが、おしゃれなサロンからほんのわずかしか離れていないリング――ハープスブルク家の権威を、石造りで形象化した記念碑ともいうべき通り――の外側に大衆の貧困地帯が拡がっていた。ウィーンの人口は二〇〇万人を超え、その九割方の暮らしは、文字通り手から口への状態だった。状況がさらに悲惨だったのは、帝国の周辺地域だった。ガリーツィエン［ガリシア］は、ハープスブルク帝国の救貧院と言われた。だが、人々はブコヴィナやジーベンビュルゲン［トランシルヴァニア］、バルカン半島でも、明日への希望も見通しもまったくなしに暮らしていた。

もちろん、困苦と貧困が大きくなればなるほど、その運命をもはや黙って耐えようとしない人々の数も増えて行った。小市民の間では「旧き良き時代」として思い入れのある昔日への回帰を望む急進的潮流が大きくなり、彼らを容赦ないポピュリストのカール・ルエーガーがキリスト教社会党へと組織した。他方、政治地図の反対側では労働運動が組織され、そこではカール・マルクスの主張が急速にその他もろもろの考えを押しのけて優勢となった。

ウィーンの皇帝は、自分が神の恩寵により皇帝であると考えており、重い気分で、やっと大土地所有者と金持ちに政治支配への参加を認めた。二〇世紀初頭、オーストリアの指導者たちは、自分たちが三つの政治陣営から同時に挑戦を受けていることを目の当たりにした。それは保守主義者たち、社会民主主義者たち、そして帝国の非ドイツ語地域の民族主義諸政党だった。彼らは皆、少なくとも自分たちにとって正当と思われる社会の富の分け前を要求した。ハープスブルク家の威光は色あせ、フランツ・ヨーゼフ皇帝のスローガンである「皆で力を合せて」Viribus Unitis は、現実に鑑みてまったく空疎な掛け声だった。

支配者たちは、政治的な苦境から抜け出すための確かな出口を求め、それを好戦的な策動に見出した。帝室は一九〇八年のボスニア・ヘルツェゴヴィナ占領から新たな光輝を期待したが、実際には新たな問題を引き寄せただけだった。ちょうどその時［サラエヴォで］皇位継承者の殺害が起きた（一九一四年六月）。ウィーンはセルビア王国を迅速な局地戦で打ち負かして、自らの影響力をコンスタンティノープルの門前まで拡大しようとした。そこでベオグラードに呑みがたい最後通牒を突き付け、干戈を交える準備を整えた。

だが、参謀本部の人間たちが計算に入れなかったものは、ヨーロッパの複雑な提携網だった。局地的な小競り合い程度に考えられていたものが、ひと月の内に大量殺戮に発展し、「第一次世界大戦」として史書に書き込まれることになる。

戦争の初めから、ドナウ帝国が有利とは言えない情勢だった。ロシア人は北部では完全にドイツ人に先を越されたが、南部では勇敢に迎え撃ち、その上、迅速に反攻に転じた。ハープスブルク帝国はガリシアの中心都市、レンベルク［リヴィウ］を失い、ドイツの軍事支援を受けてやっと奪還する始末だった。バルカン半島では、オーストリア軍は初めから進攻を阻まれ、小国のセルビアに屈服を強いることはまったくできなかった。一九一四年の夏、鳴り物と歓呼、好戦的な華々しさ、愛国的なスローガンで始まった戦争は、二年後には国全体にとってハルマゲドンだった。

政治全般に重苦しい空気が漂う中、一九一六年一〇月、二発の銃声がとどろいた。社会民主労働者党［以下、社会民主党と略称］党首、ヴィクトール・アードラーの息子、フリードリヒ・アードラーがオーストリア首相を射殺し、大胆に宣した。殺されねばならない時代にあって、殺人は支配者の特権であってはならない、と。それから一ヶ月後に皇帝、フランツ・ヨーゼフがこの世を去ったとき、誰の目にもドナウ帝国が、皇帝とともに滅亡したかのように映じた。

(2)　一〇月革命からドイツオーストリア共和国へ

それは、テーブルをこぶしで打つ音で始まった。一九一八年一月一二日、ブレスト＝リトフスクで、ドイツ大本営の講和主席交渉者が強圧的に主張した。ペトログラード［ペテルスブルク］の新政府がドイツの要求をすべて呑まなければ、戦闘を再開する、と。この主張を強調するため、彼はテーブルにこぶしを打ち付けた。言うまでもなく、それによって［マクス・］ホフマン将軍は、次の段階のヨーロッパ革命を引き起こした。

第一次世界大戦開始から三年半が経過して、この「諸国民の戦い」を熱狂的に支持する者は、ほぼいなくなった。途方もない人命損失ならびに名状しがたい苦境と困苦、絶望がウィーンやベルリンなどの街の日常を覆った。言うまでもなく、それはとりわけツァーリの帝国を見舞っていた。だが、ニコライ二世［在位一八九四～一九一七］の軍隊が音もなく崩れ去ることは、まだ起きていなかった。おびただしい動員だけが国境地帯の度重なる敗北を、ものともしなかったからである。ところが、一九一七年初頭、政府は、それ以上住民への配給を確保できなかった。そこで、もっと食料をよこせ、という比較的政治色の薄いデモが発生し、それが数日のうちに本物の革命に発展した。革命はツァーリとその体制を、文字通り一晩のうちに吹き飛ばした。

しかし、ブルジョア勢力がロマノフ王朝の路線を、共和制の旗印のもとでそのまま継続しようとしたのに対し、ロシア労働運動の左派は、自分たちの好機を見出した。その中心人物であるV・I・レーニンが帰国するや否や、ボリシェヴィキ——穏健派であるメンシェヴィキに対し、左派はこのように呼ばれた——は、社会革命を目指して突き進んだ。社会革命は、ロシアが大戦から即時離脱することで始まるはずだった。

アレクサンドル・ケレンスキーの率いる新政府は、戦争を継続しようとしたが、ついにそれが政権の命取りとなった。一九一七年一一月（ロシア旧暦では一〇月、したがって「一〇月革命」と呼ばれる）、ソヴィエトが権力を握り、レーニンが人民委員会議首班に就任した。そして外務人民委員のレフ・トロツキーが、ドイツ大本営及びハープスブルク軍の代表者たちと国境の小都市、ブレスト＝リトフスクで対峙して、賠償・賦課のない和平、つまり併合・賠償の相互放棄による戦争終結を要求した。これがプロイセンの将軍にはまるっきり気に入らなかった。彼はそこで、ペトログラードとモスクワを占領するまで戦闘を続ける、と威嚇した。

だが、これこそまさに、中欧諸国の人々がまったく望まないことだった。血まみれの戦闘を終えるチャンスが、ついに来たのではないか。そんな時にハープスブルクの人間は、ポーランド王になりたがり、プロイセンは、バルト地域を併合したがっている。痛めつけられた国民が、そんなことのためにさらに血を流すべきだろうか。これからの出来事を告げる砲声の轟が、少しもおとなしくなりそうになかった。

ところが、ウィーン政府の耳には何も入らないままだった。ホフマン将軍による威嚇のジェスチャーと同じころ、政府は労働者への小麦粉配給を半減する布告を出した。これまでも労働者たちは、生き延びるにさえ足りない量しか受け取っていなかったので、この新たな削減は、永遠に続く飢餓をついに言い渡すようなものだった。一九一八年一月一四日、ヴィーナー・ノイシュタットにある軍需工場の従業員たちがストライキに突入した。

皇帝と大臣たちが、これは一地域の出来事に過ぎず、それ以上の意味はないと高を括ることができたのは、ほんの数時間に過ぎなかった。一日もしないうちに、テルニッツにある製鉄所の労働者たちがストライキに加わった。ヴィンパシングでも同じだった。加えて［ニーダーエスタライヒ州の］ノインキルヘン、ザンクト・ペルテンの労働者とシュタイアマルク州工業地帯の労働者が参加した。さらに次の日［一六日］の朝にはウィーンでゼネストが始まり、一月一七日にはオーストリア全土で、ストライキを行っていない工場が事実上なかった。さらに一日後、ハンガリーの工場労働者たちが加わった。一月一八日夕刻にはドナウ帝国全土が騒擾の有様だった。

ウィーンの公安大臣は騒擾を鎮圧するため、たとえ血を見るとしても、さっさと軍隊に支援を要請するところだった。しかし、まだ軍隊に信を置くことができたろうか？　答えはカッタロ（今日ではモンテネグロのコトル）の水兵たちが出した。その地にあった兵器廠の労働者たちがストライキに加わったとき、帝国海軍艦船の乗員たちが直ちに将校を解任してマストに赤旗を掲げ、戦争の即時終結を要求した。そのため、イタリアとの戦争を継続する代わりに、ポラ［プラ］にある総司令部所属の艦船が南に向って出港し、カッタロの反乱を鎮圧しなければならなかった。事ここに至って、ハープスブルク帝国がまだ戦争に勝てる、と信じることができた者は、まったく単純でおめでたい愛国主義者だけだった。

社会分裂の種として立ち現れたのは、そもそもの初めから民族問題だった。チェコ人やポーランド人、スロヴァキア人、南スラヴ人の誰も理解できなかったことは、自分たちを二級市民としてしか扱わない国のために、なぜ自分たちが前線で犠牲にならねばならないか、ということだった。この国は六七万六千平方キロメートルの面積を持ち、五千一〇〇万の人口を擁するが、「ドイツ人」は僅か一千二〇〇万（二三％）に過ぎず、これに対しスラヴ諸民族は四五％弱に達していた。ドイツ語を母語とするグループが事実上国家権力をすべて握り、この状態は、スラヴ系のブルジョア諸政党が何十年にもわたり同権化闘争を行ったにも関わらず、何ら変わるところがなかった。大戦の集中砲火の中で、妥協の用意は急速に萎んでいった。ポーランド人やチェコ人、スロヴァキア人、そして南スラヴの諸民族は皆、自分たちの民族国家を打ち立てようと努力を重ねた。この工作はすでに一九一八年の春に、かなりの進捗を見せていた。

加えて、国にはもはや自軍への補給すらままならなかった。戦線からの報告によれば、兵士たちが外套を入手することはなく、それどころか、もはや靴すら支給されなかった。肉は幻と化し、皇帝支給の制服 kaiserliche(r) Rock［軍服］をまとった人間たちに供されるキャベツスープ Krautsuppe の最初の文字、Kすら忌まわしかった［皇帝 Kaiser のKと同じ］。もはや定員を充足した部隊は、ほぼ存在せず、参謀本部の調査によれば、兵士の平均体重は五〇キロにまで落ち込んでいた。

それだけに一層驚きだったのは、皇帝の軍隊がもうひと夏の間、持ちこたえたことだった。ソヴィエト・ロシアが戦争から離脱したことで、中欧諸国には土壇場で猶予がもたらされた。だが、ドイツ軍による西部戦線の攻勢が失敗に終わり、イタリア軍を相手にしたオーストリア軍もイゾンツォで敗れて、戦い抜こうとする決意は潰え去った。

そこで一九一八年秋には、すべてが瞬く間に進展していった。ブルガリアが降伏した。オスマン帝国が手を上げた。オーストリアでは間もなく、軍務についている兵士よりも逃亡兵のほうが多くなった。プラハでは、前帝国議会議員、トマーシュ・G・マサリクの率いる新しいチェコスロヴァキア国家が樹立された。ポーランドでは、ウィーン帝国議会の前社会民主党議員団長、イグナツィ・ダシンスキが、一八世紀末の第三回ポーランド分割以来初めてとなるポーランド政府を組織した。リュブリアナとザグレブでは、統一ユーゴスラヴィアを目指す民族委員会が組織された。ウィーンでは、議会はまだ開会中だったが、ドイツ語地域の議員を別にすれば、登院する議員はなかった。そして、この登院した議員たちが、同じように自分たちの国家を樹立しようとしたのは当然のことだった。

そうした思い切った企てはもちろん、［帝国］議会の建物で実行に移すわけにはいかなかった。

そこで、ニーダーエスタライヒ州庁舎に席を移し、一九一八年一〇月二一日、社会民主党が優位を占める共和国政府が樹立された。

これは、さほど驚くべきことではなかった。国のいたるところで不穏な空気が渦巻いていたからである。ドイツと同じように革命の兆候が顕わだった。とりわけソヴィエト・ロシアの示した実例が広く行き渡った。というのは、ソヴィエト政府が多数の捕虜を釈放したことにより、いまや彼らは、より公正な世界という思想を携えてオーストリアに帰還したからである。いたるところで労働者・兵士評議会が結成され、まだ帝国の徽章を着けている者は、襲われる危険を冒していた。フランツ・ヨーゼフの後継者は、権力放棄を頑強に拒んでいた。だが、歴史は容赦なく彼を置き去りにした。彼は、自分がどうなるか分からないうちに退位したことになり、ニーダーエスタライヒ州の片田舎の狩猟館で最終的な追放を待つ身となった。ハープスブルク家の六四〇年の支配は終わりを告げた。

(3) ドイツオーストリア樹立

社会民主党のレンナーが率いる新政府は、米国大統領ウィルソンの［民族自決］原則が自分たちの共和国にも適用されることを期待した。これにしたがえば、新生オーストリアは、従来の帝国の核となる諸州だけでなく、ボヘミアやモラヴィアにあるドイツ語地域とティロール南部も包含するはずだった。この夢を、戦勝諸国は間髪を入れず壊してしまった。ドナウ帝国の地にはポーランド、チェコスロヴァキア、ハンガリー、ルーマニア、ユーゴスラヴィアといった国が成立し、その上、帝国の一部がイタリアに移った。「オーストリアは残り物」(3) であり、［後年の首相］ブルーノ・クライスキーのウィットにとんだ言い方によれば、「オーストリアは、ウィーンといくつかの村、そして、とてつもなく多くの山々から成っていた」。

プロレタリアートにとっては当然のことながら、地理はまったくどうでもよいことだった。四年にわたる耐乏生活の後では、労働者たちは形だけの譲歩を呑んで引き下がるつもりはなかった。ロシアの経験に励まされて、労働者たちは全権を握ろうとした。このことが早くも明らかになったのは、一九一八年一一月一二日の騒然とした共和国樹立宣言の時だった。国会議事堂に通じる車寄せのランプで、社会民主党の代表者たちがブルジョア諸政党の代表者たちと一緒になって、もったいぶった演説をしている間に、労働者たちは［赤白赤の］オーストリア国旗の白線部分を引き裂き、赤旗となったものを掲揚した。これは将来の出来事の不吉な前兆だった。

ブルジョア層(4) Bürgertum は強い不安を覚え、社会民主党の当時の諸要求に無条件で賛成した。そこで党指導部は、すぐにも具体的な成果を披露することができた。八時間労働日が広く導入され、社会・年金・疾病保険が実現し、最低限の有給休暇が保障された。また経営協議会法が制定されて、労働者が参加する経営共同決定の最初の形態が成功裏に導入された。社会民主党の理論的指導者、オットー・バウアーが提唱する漸進路線が成功したかのように思われた。一九一八年一一月の内に結成された共産党にとって残念だったのは、この間に恩赦を受けたフリードリヒ・アードラーを自党に勧誘しようとして失敗したことだった。アードラーは引き続き社会民主党に留まり、バウアーと同じく次のように指摘した。ソヴィエト・ロシア流のプロレタリアート独裁は、オーバーエスタライヒやニーダーエスタライヒ、シュタイアマルクの工業地帯では、もしかすると長続きするかもしれないけれども、同時にそれは必ず、フォーアアルルベルク、あるいはザルツブルク、ティロールのようなオーストリアの農業地帯を失うことになるだろう、と。一九一九年一月のベルリンにおける事態の進展は、アードラー、バウアーの主張を正当化したようだった。

ドイツ北部では、権力問題は決着したように思われたが、［南部の］ミュンヘンや、少し遅れてハンガリーの労働者たちが、自分たちの評議会（ソヴィエト）共和国を樹立した。バウアーとアードラーが、オーストリアの評議会権力を樹立できるかもしれない、と言及した地域は、まさに上記二つの人民支配を結び付ける場所だった。社会民主党は持てる影響力を総動員して、この「間隙を埋める」動きを阻止した。党はさらに一九一九年六月、共産党による国家権力掌握の試みを武力鎮圧させるところまで突き進んだ。遅くともハンガリー・ソヴィエト共和国が打倒された一九一九年夏［八月］には、革命の季節は過ぎ去ったようだった。社会民主党には、自分たちがプロレタリアート内部の対決の勝者だと思われた。この思いがさらに強まったのは、一九一九年［二月一六日］の国政選挙と首都ウィーンの市政選挙［五月四日］で同党が安定多数を確保した時だった。ウィーンでは社会民主党の市参事会が「赤いウィーン」として国際的に有名になる改革計画の実行を開始した。国政では社会民主党が、連立するブルジョア政党に対して相当に進歩的な憲法を押し付けた。

ただ、社会民主党が見逃していたのは、ブルジョア層がかなり長い間静観した唯一の理由は、まさに本物の革命を恐れたからだ、という事実だった。だが、この危険は今では除去されたので、ブルジョア層は、社会民主党という連立の相手をもはや必要としなかった。新憲法に基づき実施された第一回選挙［一九二〇年一〇月一七日］の後、キリスト教社会党とドイツ民族主義派は政権を樹立し、社会民主党は、自分たちが野党席に追いやられたことを知った。オーストリア第一共和国が続いた一五年の間[5]、左翼は積極的な政治参画から締め出されたままになる。

2　ブルジョア・ブロック対「赤いウィーン」

(1)　経済危機脱出のブルジョア的方法

二〇年代初めの新生共和国の状況は、絶望をすら通り越したものだった。共和国は［ドイツオーストリアではなく］「オーストリア」と名乗ることを、サン・ジェルマン講和条約で強いられ、大多数の政治家たちが望んだドイツとの「合邦」は禁じられた。住民への食糧供給は、工業への資源供給とともに覚束なかった。国家財政が世界大戦とその資金調達のために完全に破綻していることは、誰の目にも明らかだった。国が生き延びることは、実質的に不可能だと思われた。工業部門はドナウ帝国解体の結果、大部分の販売市場を失った。ハンガリーの穀物生産者は、今では自国市場に供給し、ボヘミアの石炭生産者も、もはや石炭をオーストリアに提供しなかった。加えて、国家公務員の計り知れぬ――五千万人を擁する帝国にふさわしい――大軍が行うべき仕事は、新生国家にはもはやなかった。政府は必要最低限の財政を賄うために紙幣を発行したが、これが間もなく、急速に進行するインフレを引き起こし、遅くとも一九二二年以降、オーストリア経済全般を麻痺させた。新首相で高位聖職者でもあるイグナーツ・ザイペルは、借款供与の懇願に戦勝国へ出かけるしかなかった。彼は借款を、屈辱的な条件付きで取り付けた。オーストリアは、それから九〇年後のギリシアと同じように、自国が監督下に置かれることを認めねばならなかった。戦勝国の任命する特命全権委員が、オーストリア財政の監督を引き受けた。共和国はあらゆる経済主権を失い、広範な「一連の緊縮策」を実行しなければならなかった。年金や社会給付が削減されただけでなく、現に有効な法に反して、八万人を超える公務員もまた解雇された。その一人一人が、文字通り一夜にして貧困に突き落とされた。屈辱を味わった人間たちはすぐに、勃興するナチ陣営にごく自然に引き寄せられ、ナチは彼らに仕返しと埋め合わせを約束した。

野党の社会民主党は、この「立て直し」に承服せず、正当にも指摘した。これまでの歴史で一度たりとも、主権国家が財政的にこれほどまでに隷属させられたことはなかった、と。実際、戦勝国はもっぱら予算健全化——特にこの目的で通貨「シリング」が導入され、「クローネ」が廃止された——と債務返済努力とを強調した。こうした政策の推進によって多数の企業が倒産し、失業者が前代未聞の数になることは二義的なことに過ぎなかった。敢行された幅広い国民諸階層の窮乏化は、その五年後の世界経済危機によってさらに悪化し、ひどい報いをもたらすことになる。

(2)「赤いウィーン」

社会民主党は一九二〇年、中央政府から離脱せざるを得なかった。他方、首府のウィーンは、新憲法に基づいて独立の州となった。そこで、この州で社会民主党は、自分たちが人民のためにどんな政治を考えているかを示そうとした。新たに選出された市長、ヤーコプ・ロイマンの下で、党は注目すべき改革プロジェクトを開始し、それは間もなく「赤いウィーン」の名で知られるようになった。

ロイマンはまず交通機関と電力を公有化し、この日常生活の重要な土台を、民間経済の利潤追求から切り離した。さらに新しい税制案を提起して、資産家層への課税を従来よりもはるかに重くし、同時に大衆課税を引き下げることを意図した。その核は奢侈税となった。使用人を家に置くほど裕福な者は、その贅沢のために税を払わねばならなかった。また、乗用馬車の厩舎や自家用車——後者は当時、その絶対数は僅かだった——を持つような者も同様だった。昔からの奢侈品、たとえばシャンパンやキャヴィアにも同じように高い税が課された。女性を置いた遊興の店、終夜営業のバー、賭博場も同様だった。また、一定以上の土地を持つ者も税負担を求められた。人の住まない住居を所有する者や、耕作されない土地を持つ者も追加で課税された。こうして得られた資金を使って、一九三四年までに六万四千ほどの住居を建設することができた。その際に何よりも重視されたのは、過去何十年にもわたって続けられた住宅建設のやり方を徹底的に改めることだった。もはや目的は、できるだけ多くの人間を、何としてでも賃貸バラックに詰めこむことではなく、労働者に「より快適な住み心地」を可能にすることだった。したがって、すべての住居に水道が敷かれ、周知のバッセナは過去のものになった。（バッセナは、住宅の廊下に一つだけある共同の水場で、そこから各戸に水を運び込まねばならなかった）。「通路のはるか奥」に設けられていて、ウィーン方言で「インド便所」と呼ばれたトイレも住居の中に取り込まれた。さらに一つひとつの住居には、専用の台所、洗面台、他人と共用しない寝室が設けられた。居住者一人当たり、約二五平方メートルの床面積が見積もられ、それは、過去に家族全員が二五平方メートル未満のはるかに狭い空間で一緒に住むことを強いられたことと比べると、大きく拡大された広さだった。

だが、それだけで十分とは言えなかった。公共住宅は一つの総合計画にしたがっていて、計画は、単に清潔で明るく大きいだけに留まらない住居を考えていた。建物は道路から引っ込めて建てられた。騒音を防止し、それを樹木によってさらに緩和するためである。すべての建物にはゆったりとした、緑たっぷりの内庭が設けられ、住居に加えて憩いの空間を作り出していた。子供の遊び場や、建物に付属した保育園も計画に含まれ、さらには余暇の多様な活動に供する趣味の空間、生協の店、診療所、図書室、カフェが設けられて、公共住宅の居住者は興味を覚えそうなものを、ほぼすべて近隣で見つけることができた。加えて、数多くの出会いの場は、一種の共同感覚を促進し、共同住宅における居住を、快適で安心に満ちたものにするのに適していた。

「赤いウィーン」はもちろん、住宅に留まるものではなかった。社会政策もまた刷新された。市当局は、まず子供と青少年のことから始めた。重要だったのは、高い幼児死亡率を下げることであり、それにふさわしい手当・予防策を講じて低下が図られた。母親たちには無料の肌着・薬品の詰め合わせが贈られ、小児専門病院が建てられて、定期健診と予防注射が導入された。保育園や託児所は、必要であれば、子供たちを早朝七時から夕方六時まで預かるようにした。学校や校外でのスポーツ活動が定期的に組織され、子供たちに座学からの気分転換を可能にした。学校給食が多くの子供たちの抱えた、戦争直後の慢性的な栄養不良を改善し、ひいては疾病リスクを最小限に抑えた。

同じく重要だったのは成人の健康だった。栄養不良、結核、性病が大戦後ウィーンで蔓延し、効果的に対処しなければならなかった。すでに一九一九年、医療施設条例に基づき、社会民主党は重要な一歩を踏み出し、後年、この一歩を土台にすることができた。困窮者の疾病治療やアルコール中毒対策、多様な相談窓口の設置は、スポーツや健康増進策と並んで市当局の健康計画の一環だった。さらに歯科衛生に関して、人々の注意を喚起することに成功した。二〇世紀初め、歯磨きは当たり前には程遠く、歯科医のもとで予防とチェックのために検査を受けることも普通ではなかった。飲料水の供給が改善され、その結果、とりわけ郊外で当時まだ広く見られた衛生上の問題点が除去された。その原因は多くの場合、郊外の道路が未舗装で、下水道網がいまだ整備されていなかったことにあった。

［福祉・保健政策の］掉尾を飾ったのは、広範な公衆浴場網を建設しようとする努力だった。これにはシャワー浴のような衛生施設と並んで、本来のスイミングプール（さらに屋内プールと屋外プールに分かれる）が含まれていた。このような浴場が全部で二一も建設され開業した。その際、各施設を地域的に分散するように配慮された。

最後に同じように熱心に取り組まれたのが教育改革だった。ここでもまた最高の原理は、社会的な制約があってはならない、ということだった。貧しい家庭の子供も、裕福な家庭の子供と同じように、その才能が発掘された。［ハープスブルク］帝国が教育面で怠慢だった結果、自分たちに与えられなかったものを、年上の世代は、あちらこちらに設けられた成人学校でやっと取り戻すことができた。ウィーンの社会民主党がずっと長く好評を博したことは、もはや驚きでも何でもなかった。そしてブルジョア政党がだんだんと神経をとがらせたのも、同じように不思議ではなかった。

3　シャッテンドルフから独裁へ

（1）　司法会館炎上から民主主義の排除へ

（新憲法に則って国民議会と名付けられた）議会の一九二三年選挙で、キリスト教社会党は四四％を得票して優位を保ち、社会民主党は四〇％弱にとどまった。一九二七年には、この優位の確保がはっきりせず、ザイペル首相は「ドイツ民族主義派の」大ドイツ民族党との連携に動いた。この連携には、オーストリアでまだほとんど重要性を持たなかったナチスまでも参加させた。ただ、農民を代表する、保守的でドイツ民族主義の農村同盟 Landbund だけは加わらなかった。(6) いわゆる「ブルジョア・ブロック」が「赤の危険」を防ぐ、という触れ込みだった。

この阻止の見込みは、さほど悪くなさそうだった。世界は第一次世界大戦終結後の九年間に大きく変貌した。一九一八年から一九二一年にかけては、革命が起きるかもしれないという雰囲気があった。だがその後、諸国はスピードと程度の差こそあれ、右傾化していった。最初はイタリアだった。かつては社会党の幹部だったベニート・ムッソリーニが一九一九年、右翼の戦闘グループを形成し、「戦闘ファッシ」fasci di combattimento と名付けた。イタリア語の同盟（あるいは束）に当たる fascio［複数 fasci］から、新しい組織は間もなく「国民ファシスト党」Partito Nazionale Fascista と命名された。まさにこのファシストたちが、一九二二年の終わりにイタリアで権力を掌握した。ハンガリーでは、すでにソヴィエト共和国の打倒以来、ファシストにまったく引けを取らない政治グループが支配していた。他のヨーロッパ諸国、具体的には、これまで民主主義に慣れ親しんでいたバルト三国やポーランド、バルカン半島でも民主主義が廃棄され、独裁に置き換えられた。オーストリアでもまた、極右勢力がチャンス到来をかぎつけた。イグナーツ・ザイペルは「革命のゴミ」（休暇と病休の基本権や年金受給権という、社会改革の成果を指す）の廃棄を考えていることを公言した。社会民主党はこうした展開に対し、新綱領を定めたリンツ党大会［一九二六年］で、プロレタリアートによる成果を反動に抗して、いざと言う時は武器を手にしても守り抜く、と強調した。

こうした対応は、まさに一九二七年の政治状況が新たな緊迫を見せただけに、ますます必要だと思われた。この年の初め、ファシストの活動家たちがブルゲンラント州の村で労働者集会の参加者に発砲し、傷痍軍人と子供の二人を殺害した。ところが、裁判所は殺人を犯した者たちに対し、まったく理屈に合わない無罪を言い渡した。いわゆる「シャッテンドルフ裁判」における被告たちへの無罪判決が、労働者の自然発生的な抗議の波を引き起こし、その波は司法会館炎上で頂点に達した。労働者たちがこの不当判決のシンボルと見なした司法会館になだれ込もうとしたとき、社会民主党のウィーン市長、ザイツは現場に駆け付け、群衆を抑えようとした。けれども、司法会館炎上と、ドイツ民族主義派の警視総監、ショーバーによる発砲命令とを阻止できなかった。その結果、八九名の労働者が死亡し、約一千名が負傷した。国内の政情は決定的に悪化した。

社会民主党は国民議会選挙［一九二七年四月］において、これまでで最高の四二・三％の集票に成功したけれども、引き続き野党に留まらざるを得なかった。党は、政府が一九二〇年の民主憲法を［一九二九年に］独自に改訂して空洞化させるのを見ているしかなかった。[7] 極右勢力にとって、この措置は今回もまだ十分と言えなかった。キリスト教社会党下の準軍事組織である、いわゆるハイムヴェール［護国団］は、ついに議会制民主主義の地盤を立ち去り、一九三〇年五月にニーダーエスタライヒ州のコルノイブルクに集まって、参加者の一人ひとりに団の行動計画を支持する誓約をさせた。同計画は、ムッソリーニのファシズム思想と、ナチ・イデオロギーの道具立てとの曖昧な混淆だった。それは次のように言う。「我々は西側諸国の民主的議会主義と政党国家を糾弾する。代わりに諸身分の自治と強力な国家指導部――これは……我々の国民運動のもっとも有能にして信頼できる人士からなる――を切望する。我々はマルクス主義の階級闘争と自由主義的資本主義の経済様式とによる国民分断に抗して闘う。……国家は国民全体を体現したものである。……各同志は、自分が新たなドイツ国家思想の担い手であると感じ取り、それを公言する。同志は皆、生命財産と血を投げ出す用意がある。同志は皆、三つの力を認める。信仰、己の堅い意志、指導者の言葉である」。

ブルジョア層の民主主義への信頼は、共和国史上、四度目となる選挙結果（一九三〇年）のせいで、必ずしも高まらなかった。社会民主党は一九一九年以来、再び国内で最多議席［七二議席］の党になった。今や、政府支持の八三議席に対し、野党勢力の八二議席が対峙した。(8) ドイツ民族主義派は、オーストリアでもますます活発に活動するナチの目覚ましい興隆を前にして急速に支持を失い、キリスト教社会党［を核とする与党勢力］が僅かな議席差を最終的に失うのは、もはや時間の問題と思われた。

これがますますありそうに思われたのは、一九二九年・三〇年に始まる世界経済危機が、オーストリアを経済的に新たに荒廃させた時だった。数ヶ月のうちに失業者は三〇万を超えた。とりわけ小農と小商工業者が生活を脅かされ、それとともに彼らは急進化した。そして、危機は止まることなく激化した。貿易の縮小と随伴する税収の減少は、それでなくてもすでに混乱していた国家財政にさらに大きな打撃を与えた。予算の不足額は記録的な三億シリングに達した。オーストリア最大のクレディート・アンシュタルト銀行が一九三一年五月に破産して、中欧全体に広がる銀行危機を引き起こし、それが実物経済に重大な結果をもたらした。

ハイムヴェールは、国家権力を暴力的に掌握する機会が到来した、と考えた。だが、およそ一万四千名のメンバー――その圧倒的多数が、すでにナチ党員だった――が参加した「プフリーマー・プッチュ（反乱）」は、実行の不手際と労働者たちの抵抗によって失敗に終わった。労働者たちは、何はともあれ、自分たちにはブルジョア民主主義擁護の使命があると考えた。しかし、支配勢力が反乱者たちにいかに共鳴していたかは、何よりもハイムヴェール指導者のプフリーマーが、事件後の国家反逆罪裁判で無罪判決を得たことから明らかである。

ハイムヴェール指導者として、プフリーマーの後継者であるエルンスト・リューディガー・シュターレムベルクは、当初から自分の政治的立場をはっきりさせていた。彼は、独立国家としてのオーストリアを「言語道断」であると公言するばかりでなく、社会民主党の頭目どもは「アジア人」であり、その「頭部が刎ねられて砂の上を転がらねばならない」とまで言い募った。「国民同胞」の定義において、彼はヒトラー率いるナチにまったく劣るところがなかった。曰く「国民同胞だと自分が理解するのは、ドイツ人の人種本能をたっぷり持った者だけであり、その血管をドイツ人の血が流れる者だけである。東方からやって来て我々を搾取する、偏平足を持った寄生虫のごとき外国人どもは国民に含まれない」。

ナチが選挙で成功して一九三二年初頭、いくつもの州議会、とりわけウィーン市議会に進出したことに対応して、政府は改めて右傾化を強めた。新首相にはエンゲルベルト・ドルフースが就任し、ハイムヴェールやドイツ民族主義派の農村同盟と連立を組んだ。社会民主党と並んで野党のナチは、好機到来とばかりに一九三二年一〇月、ウィーン地区の党大会を開催した。そこではヨーゼフ・ゲッベルスとエルンスト・レームがアジ演説を行った。労働者への襲撃が多数発生したが、警察はまったく介入しないか、介入してもためらいがちだった。社会民主党のジマリングにある党会館を襲ったナチは三人の労働者を殺害したが、処罰されることはなかった。状況全般もまた、ますます破局に向かっていた。一九三三年一月、四〇万人が失業登録したが、「失業保険給付期間満了者」（失業期間が長すぎて、失業給付を受けられない者）を含めれば、失業はオーストリア労働力人口のほぼ四分の一に達した。

同じ月にドイツでナチが権力を掌握して、ドルフースは議会制民主主義を清算する決意をした。あとはただ好機を待つばかりだった。それが間もなく、一九三三年三月の鉄道ストライキをめぐる論議を機にやって来た。

これには風変わりであるが、オーストリア特有の前史があった。一九三二年末、イタリアの独裁者、ムッソリーニがハンガリーの同志たちに、かなりの量の武器を届けようとした。だが、荷物はオーストリアを通過しなければならなかった。作戦の指揮は、オーストリアのハイムヴェール指導者が取った。鉄道員を賄賂によって加担させ、クリスマス休暇の間に秘密裏に実行する、とされた。ところが、鉄道員たちは加担を拒否した。そこで鉄道監理局は懲戒を決定したが、これに鉄道員たちがストライキで応えた。ドルフースとその一味にとって、願ってもない見せしめのチャンスだった。ストライキ指導者は排撃されねばならなかった。

政府は［ストライキをめぐる］議会動議で賛成多数を確保できなかった。だが、投票後に確認してみると、社会民主党議員の一人が二票を投じ、もう一人の登院していた同僚議員の票が見つからなかった。明らかに後者は間違った一票を投じていた。その結果、キリスト教社会党は、票決の無効を宣言するよう求めた。社会民主党は、ありうる再投票でも、自分たちに有利な決議を確保できるようにと考え、国民議会議長、カール・レンナーの議長辞職により、事実上二票を自派に確保しようとした。こうして議長職はキリスト教社会党所属の第二議長に移り、議会運営のこの措置によって、彼は今や投票を棄権しなければならないはずだった。キリスト教社会党の第二議長、ルードルフ・ラーメクはこの戦術を見抜き、彼もまた辞任した。さらに第三議長で、野党に回っていた大ドイツ民族党所属のゼップ・シュトラフナーも辞任したため、エンゲルベルト・ドルフースが狙っていた時がやって来た。一度として廃棄されることのなかった、一九一七年の戦時経済全権法を援用して、ドルフースは、事実上国民議会を解散し、数日後、議員たちが再び登院するのを、武力をもって阻止した。オーストロファシズムの時代が始まった。

これは社会民主党がゼネストを打つはずの事態の一つだったが、不発に終わった。これに力を得て、ドルフースは次々と手を打った。一九三三年三月七日、彼は出版・集会の自由を制限し、三月三〇日には社会民主党の準軍事組織「共和国防衛同盟」を禁止した。さらに数日後、政府は労働者によるメーデーの伝統的な行進に禁止命令を出した。これは一八九〇年以降、毎年行われてきたものだった。ここでもまた、社会民主党は受動的に反応するばかりだった。党は守勢の主張をおこなった。デモは禁止されたが、散歩は禁止できない。だから、ウィーンの労働者はメーデーにリングを散歩しよう、と。確かに警察は、一九三三年のメーデーに介入こそしなかったものの、この日、参加者全員の目にはっきりしたのは、労働運動の行動の自由が、すでに大きく制限されてしまったことだった。

一九三三年九月、ドルフースはウィーンのトラブレンプラッツ［プラターにある繋駕速歩レース場］で、さらに一歩を進めた。［演説で］彼は声高に語る。過去一五〇年の過ちを正さねばならない。自分が取り戻したいのは「労働者が雇い主に抵抗することなく、労働組合を作ることもなかった時代」である、と。挑発はさらに続いた。社会民主党の中央機関紙である『労働者新聞』が検閲を受けるようになり、その配布が大幅に制限された。一九三四年二月一一日、副首相のファイがある集会で語った。「明日、我々は仕事に出かける。仕事を全部片づけよう」。

（2）オーストロファシズムからオーストリア没落へ

実際に翌日、リンツにある［社会民主党の］党会館が［武器捜索のため］官憲に急襲された。リヒャルト・ベルナシェクを中心とする活動家たちは抵抗した。これは待ちに待った、ドルフース体制に抵抗する全国的規模の闘争の合図となった。オーバーエスタライヒやニーダーエスタライヒ、シュタイアマルク、ウィーンの共和国防衛同盟員は集合場所へと赴いた。だが、多くの場合、途方に暮れることになった。政府が手回しよく事前の数日に、共和国防衛同盟指導メンバーの逮捕を済ませていたからである。その上、計画されたゼネストも部分的にしか行われなかった。たとえば鉄道は走り続けた。その上、オーストリア西部では不気味なまでに、まったくの静穏が続いた。

一方、ウィーンでは状況が劇的に緊迫化した。何十年も後にブルーノ・クライスキーは、その日のことを回想することになる。「一九三四年二月一二日、自分は自宅に居て本を開いていた。試験準備のためである。突然、明かりが消えた。すぐ直感的に思った。何かが起きたに違いない、と。家を出て党本部のあるレヒテ・ヴィーンツァイレ通りの「前進」の建物まで行ってみると、見えたのは、党本部のいくつも大きな出入口――それらは、ユーゲントシュティール時代の傑作――が閉ざされていたことだった。あっさり、人々は立ち退いていた。自分はそれまでいつも思っていた。

闘争が勃発したら、オーストロファシストが最初に狙う目標は、当然「前進」の建物だろうし、だからこそ、中心を離れた区にあるこの建物を、少なくとも象徴として守る準備がされているだろう、と。党本部を放棄したのは、重大な間違いの始まりだった。第二のもっと大きな間違いは、［党本部籠城の］代わりに、各所で評判の市営住宅にある労働者の居住棟から銃を撃ち始めたことだった。そこに闘争の場を移したのは、どう考えても、まともではなかった。そこには女性と子供がいたからである」。

社会民主党の左派党員や共産党員が、マルガレーテン［五区］、ファヴォリーテン［一〇区］、オタクリング［一六区］や、その他のウィーン市区で、オーストロファシズム体制からの防衛を組織していたのに対し、政府は指導的活動家たちを、可能な限り皆逮捕した。労働者たちは、自分たちだけで判断せねばならず、対決は一方的に進んだ。というのは、政府がためらうことなく、市営住宅の建物に大砲を打ち込ませたからである。もとより住民の犠牲は承知の上だった。

二月一三日、戦闘が［市営住宅の］ロイマンホーフに集中していたマルガレーテン［五区］の抵抗も止み、しばらくして、他の地区で闘っていた防衛同盟員たちも投降せざるを得なかった。オットー・バウアーとユーリウス・ドイチュ――共和国初期、それぞれ外務大臣と国防大臣だった――は、ファヴォリーテン［一〇区］のワシントンホーフに置いていた闘争本部を立ち去り、夜と霧に紛れてチェコスロヴァキアに逃れねばならなかった。二人はそこで、非合法の在外オーストリア社会民主党を立ち上げようとした。

二月一六日、ドルフースは勝利し、恐ろしい血の裁判を行った。一三人の社会民主党員が、裁判の名にまったく値しない手続きで絞首刑に処せられた。それには、国会議員として本来免責特権を持つコロマン・ヴァリッシュと、瀕死の重傷を負った、ヒーツィングの防衛同盟指揮官、カール・ミュニッヒライターが含まれていた。後者は担架で絞首台に運ばれねばならなかった。その他、数えきれないほど多くの者たちが刑務所の壁の向こうに消えた。ほんの一部の戦闘員が、チェコスロヴァキアへの逃亡に成功しただけだった。

「オーストロファシストたち」、すなわち、大土地所有者、元軍人、小自営業者、保守的公務員から成る、カトリック教会に支援された烏合の衆は、ナチと違って自分たちの理想像を、教会が強い影響力を及ぼした工業化以前の世界に見ていた。彼らは自分たちの願いが叶ったと思い込んだ。あらゆる政党が禁止され、キリスト教社会党とハイムヴェールとを母体とする「祖国戦線」だけが国家政党として認可された。一九三四年の、よりにもよって五月一日［メーデー］に、ドルフースはオーストリアに新しい身分制国家憲法を強要し、これによって、一九一八年から一九二〇年の成果がすべて消し去られただけでなく、事実上、市民のあらゆる自由権が消滅した。「撞木十字」のシンボルを掲げ、イタリアを範とする独裁が樹立され、反対する者は、そうした者を隔離する「強制収容所」に閉じ込められた。自由な新聞は廃止され、死刑が再導入されて、すぐに政敵に適用された。これによりドルフースは、一九三四年七月二四日、二二歳の労働者を死刑に処した。彼はその四日前に、ある国有鉄道信号所の爆破を試みていた。

その二四時間後、ドルフース自身が死亡した。オーストロファシストたちが気づかないうちに、オーストリアのナチがプッチュ（反乱）を企てていて、その計画に沿って首相府を占拠した。反乱者の別のグループは、RAVAG（Radioverkehrs AG、オーストリアラジオ放送株式会社）の建物を占拠し、ドルフースからアントーン・リンテレン（元キリスト教社会党所属の政治家で、ナチに鞍替えしていた）に政権が交代した、という偽情報を流した。これが全オーストリアのナチに、国家権力と対決する蜂起開始の合図とされていた。実際、ケルンテンやシュタイアマルク、オーバーエスタライヒの各所で戦闘が始まり、ザルツブルクでも小規模の騒擾が起きた。

しかし、ナチは自分たちの楽観的な予測に反して、オーストリアのあらゆるところで格別の成果を挙げることができなかった。放送局の建物にいた一団は、すぐに制圧され、首相府の反乱者たちは、逃避を企てた首相をその間に射殺していたが、もはや袋のネズミだった。彼らは、拘束されずドイツに渡ることを保証されて、やっと投降した。だが、ドルフースの遺体が発見されたことで、この約束は新首相のクルト・シュシュニクにより反古にされた。二人の反乱首謀者は絞首台に消えた。

ヒトラーは、積極的に反乱に介入することを控えていなければならなかった。ムッソリーニが、オーストロファシストたちに保護の手を差し伸べていたからである。そこでヒトラーは経済制裁に訴え、ウィーンの弱体政権は、なすすべを知らなかった。早くも一九三六年七月には、両国間で新たな協定が締結された。オーストロファシストたちは、ナチに大幅な譲歩をしなければならなかった。

ナチ党は、政党として引き続き禁止されていたが、オーストリア政府は、著名なナチのメンバーたちに特赦を与えざるを得ず、国内でドイツの新聞の販売を許可しなければならなかった。した

SEIBUNSHA

出版案内
2021

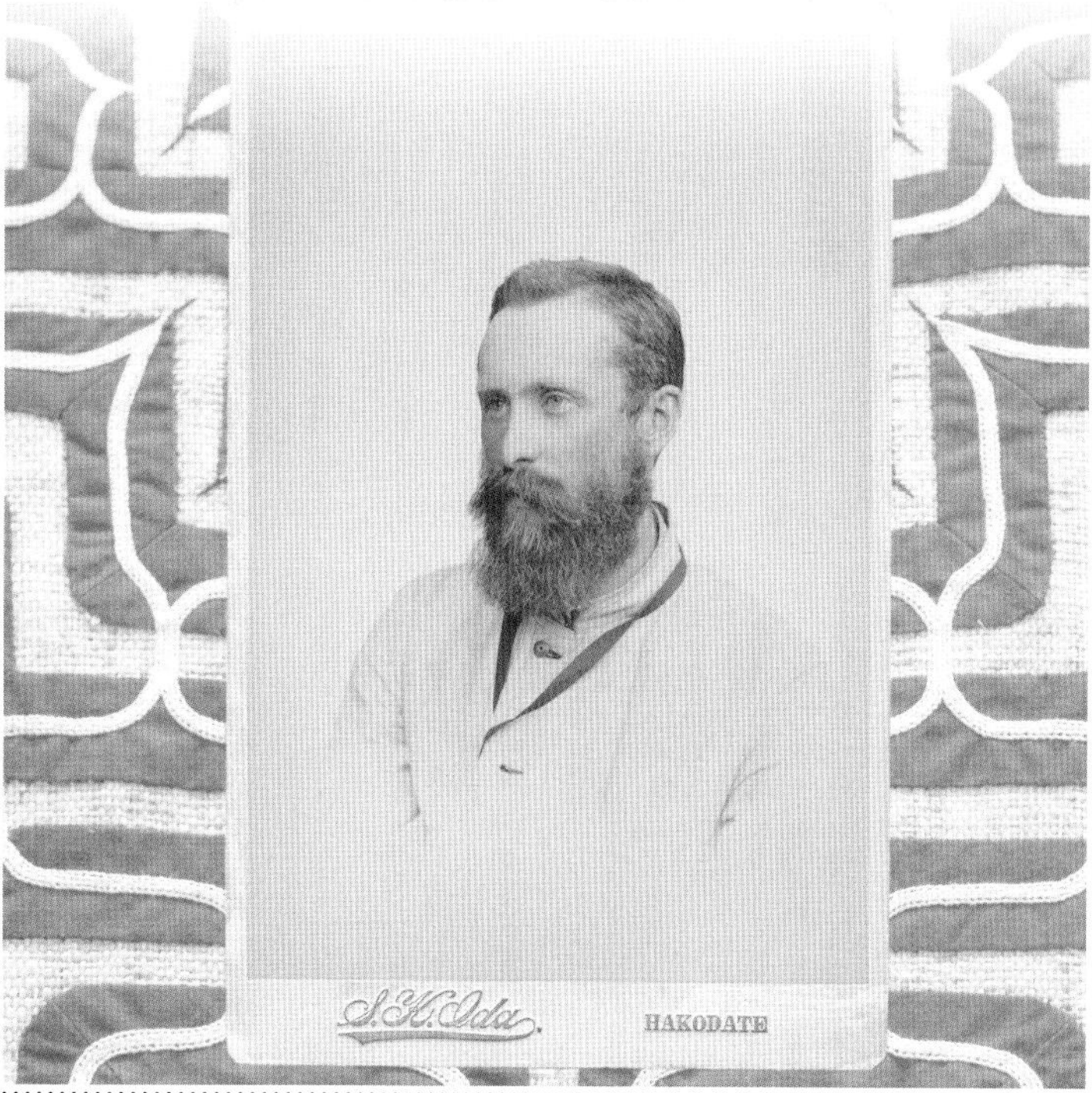

肖像：ブロニスワフ・ピウスツキ（1903 年 ?）、背景：アットゥシ（『ブロニスワフ・ピウスツキ伝』カバーより）

成文社

〒 258-0026　神奈川県開成町延沢 580-1-101

Tel. 0465-87-5571　Fax. 0465-87-9448　URL http://www.seibunsha.net/

価格はすべて本体価格です。末尾が◎の書籍は電子媒体（PDF）となります。

歴史

栗生沢猛夫著

『ロシア原初年代記』を読む

キエフ・ルーシとヨーロッパ、あるいは「ロシアとヨーロッパ」についての覚書

A5判上製貼函入　1056頁　16000円
978-4-86520-011-9

キエフ・ルーシの歴史は、スカンディナヴィアからギリシアに至る南北の道を中心として描かれてきた。本書は従来見過ごされがちであった西方ヨーロッパとの関係（東西の道）に重点をおいて見直し、ロシアがヨーロッパの一員として歴史的歩みを始めたことを示していく。　2015

歴史

栗生沢猛夫著

イヴァン雷帝の『絵入り年代記集成』

モスクワ国家の公式的大図解年代記研究序説

A5判上製　396頁　6000円
978-4-86520-030-0

「天地創造」からの「世界史」とそれに続く16世紀までのロシア史を極彩色細密画で描き出す『絵入り年代記集成』。21世紀に初めて出版された『集成』はなぜこれまで日の目を見なかったのか。謎の解明を目指すと同時に、全体構成と内容、歴史史料としての意義について考察する。　2019

歴史

R・G・スクルィンニコフ著　栗生沢猛夫訳

イヴァン雷帝

四六判上製　400頁　3690円
978-4-915730-07-8

テロルは権力の弱さから発し一度始められた強制と暴力の支配はやがて権力の統制から外れそれ自体の論理で動きだす――イヴァン雷帝とその時代は、今日のロシアを知るうえでも貴重な示唆を与え続ける。朝日、読売、日経、産経など各紙誌絶賛のロングセラー。　1994　◎

歴史

長縄光男著

評伝ゲルツェン

A5判上製　560頁　6800円
978-4-915730-88-7

トム・ストッパード「コースト・オブ・ユートピア」の主人公の本邦初の本格的評伝。十九世紀半ばという世界史の転換期に「人間の自由と尊厳」の旗印を掲げ、ロシアとヨーロッパを駆け抜けたロシア最大の知識人の壮絶な生涯を鮮烈に描く。　2012

歴史

大野哲弥著

国際通信史でみる明治日本

A5判上製　304頁　3400円
978-4-915730-95-5

明治初頭の国際海底ケーブルの敷設状況、それを利用した岩倉使節団と留守政府の交信、台湾出兵時の交信、樺太千島交換交渉に関わる日露間の交信、また日露戦争時の新技術無線電信の利用状況等の史実を明らかにしつつ、政治、外交、経済の面から、明治の日本を見直す。　2012

歴史

稲葉千晴著

バルチック艦隊ヲ捕捉セヨ

海軍情報部の日露戦争

四六判上製　312頁　3000円
978-4-86520-016-4

新発見の史料を用い、日本がいかにしてバルチック艦隊の情報を入手したかを明らかにし、当時の海軍の情報戦略を解明していく。さらに世界各地の情報収集の現場を訪れ、集められた情報の信憑性を確認。日本海軍がどれほどの勝算を有していたか、を導き出していく。　2016

歴史

松村正義著

日露戦争一〇〇年

新しい発見を求めて

四六判上製 256頁 2000円
978-4-915730-40-5

日露戦争から一〇〇年を経て、ようやく明らかにされてきた真実を紹介する。講和会議を巡る日露および周辺諸国の虚々実々の駆け引き。前世紀末になって開放された中国、ロシアの戦跡訪問で分かった事。歴史的遺産を丹念に発掘し、改めて日露戦争の現代的意義を問う。 2003

歴史

松山大学編

マツヤマの記憶

日露戦争一〇〇年とロシア兵捕虜

四六判上製 240頁 2000円
978-4-915730-45-0

マツヤマ！ そう叫んで投降するロシア兵がいたという。国際法を遵守して近代国家を目指した日本。実際に捕虜を迎えた市民たち。捕虜受け入れの実相、国内の他の収容所との比較、日露の収容所比較、ロシア側からの視点などを包摂して、その実態を新たに検証する。 2004

歴史

日露戦争研究会編

日露戦争研究の新視点

A5判上製 544頁 6000円
978-4-915730-49-8

戦争に大きく関わっていた欧米列強。戦場となった朝鮮半島と中国。戦いの影響を受けざるをえなかったアジア諸国。当事国であった日露、とくにロシア側の実態を明らかにするとともに、従来の研究に欠けていた新たな視角と方法を駆使して百年前の戦争の実相に迫る。 2005

歴史

松村正義著

日露戦争と日本在外公館の〝外国新聞操縦〟

A5判上製 328頁 3800円
978-4-915730-82-5

極東の小国日本が大国ロシアに勝利するために採った外交手段のひとつが〝外国新聞操縦〟であった。現在では使われなくなったこの用語の内実に迫り、戦争を限定戦争として世界大戦化させないため、世界中の日本の在外公館で行われた広報外交の実相に迫る。 2010

歴史

土屋好古著

「帝国」の黄昏、未完の「国民」

日露戦争・第一次革命とロシアの社会

A5判上製 352頁 6000円
978-4-915730-93-1

日露戦争がロシアに問いかけたもの――それは、「帝国」という存在の困難と「国民」形成という課題であった。日露戦争を「長い一九世紀」という歴史的文脈の中に位置づけて、自由主義者たちの「下から」の国民形成の模索と第一次革命の意味を論じる。 2012

歴史

稲葉千晴著

ヤド・ヴァシェームの丘に

ホロコーストからユダヤ人を救った人々

四六判並製 160頁 1500円
978-4-86520-051-5

イェルサレムにあるヤド・ヴァシェームは、ホロコーストによって命を奪われた同胞と、ナチの脅威に立ち向かった英雄を追悼する場所である。本書は、その場所の成り立ち、ホロコーストからユダヤ人を救った「有徳の人」を概説し、かれらを具体的に紹介していく。 2020

歴史

長い終戦

戦後初期の沖縄分離をめぐる行政過程

コンペル ラドミール著

A5判上製
320頁
5600円
978-4-86520-047-8

いったい何が沖縄の戦争の幕引きを長引かせたのか。「降伏をめぐるプロセス」と「沖縄の行政分離に至るプロセス」の二つのプロセスに注目して、その過程を見ていく。沖縄の問題に、戦後初期の日米の資料を多角的、多面的に解明することで迫っていく。　2020

歴史

ロシアの失墜

届かなかった一知識人の声

E・J・ディロン著　成田富夫訳

A5判上製
512頁
6000円
978-4-86520-006-5

十九世紀半ば、アイルランドに生まれた著者は、ロシアへと深く入り込んでいく。ウィッテの側近にもなっていた彼は、帝政ロシアの崩壊に直面。ロシアが生まれ変わろうとするとき、それはロシア民衆にとって幸せなことか、未知なるものへの懐疑と願望を吐露していく。　2014

歴史

ロシア　昨今

ソヴィエト・ロシアへの偏らざる見解、1928年再訪の記録

E・J・ディロン著　成田富夫訳　西山克典監修

A5判上製
360頁
5000円
978-4-86520-046-1

革命後の一九二八年秋、十四年間の空白の後、人生の思い出多きロシアの地を訪れたひとりのアイルランド人。革命とボリシェヴィズムを世界に対する「浄化」カタルシスと捉え、期待と危惧を秘めたソヴィエト社会を活写していく。異色のソヴィエト社会・文化論。　2020

歴史・文学

トルストイ　新しい肖像

E・J・ディロン著　成田富夫訳

四六判上製
344頁
3400円
978-4-86520-024-9

アイルランド生まれの著者は、十九世紀末葉、世界的に名を馳せていたトルストイとの関係を築いていく。文学作品の翻訳から始まり、トルストイと彼を取り巻く人々との交わりは、著者ならではの体験と観測とを育み、新たなトルストイ像が形造られていく。　2017

歴史・文学

トルストイの子どもたち

セルゲイ・トルストイ著　青木明子訳

四六判上製
274頁
2500円
978-4-86520-037-9

トルストイは十三人の子どもをもうけたが、夭折した五人を除く八人について孫である著者が語る。かれらは父の死後、第一次世界大戦、ロシア革命、内戦と続く二十世紀初頭の激動の時代を生きた。そんな波乱に満ちた彼らの生涯に通底する文豪との関係にも迫る。　2019　◎

歴史

沢田和彦著

日露交流都市物語

Ａ５判上製
４２４頁
４２００円
978-4-86520-003-4

江戸時代から昭和時代前半までの日露交流史上の事象と人物を取り上げ、関係する都市別に紹介。国内外の基本文献はもとより、日本正教会機関誌の記事、外事警察の記録、各地の郷土資料、ロシア語雑誌の記事、全国・地方紙の記事を利用し、多くの新事実を発掘していく。２０１４

歴史

沢田和彦著

白系ロシア人と日本文化

Ａ５判上製
３９２頁
３８００円
978-4-915730-58-0

ロシア革命後に故国を離れた人びとの多くは自国の風俗、習慣を保持しつつ、長い年月をかけて世界各地に定着、同化、それぞれの国や地域の政治・経済・文化の領域において多様な貢献をなしてきた。日本にやってきたかれらが残した足跡を精緻に検証する。２００７ ◎

歴史

沢田和彦著

ブロニスワフ・ピウスツキ伝

〈アイヌ王〉と呼ばれたポーランド人

Ａ５判上製
４００頁
４０００円
978-4-86520-040-9

ロシア領リトアニアのポーランド貴族の家に生まれたピウスツキは、ペテルブルグ大学へ進学するも、皇帝暗殺未遂事件に連座してサハリン島へ流刑。過酷な運命を生きた巨人の生涯を、近代史を彩るアイヌ、日本を含む珠玉のような事柄とともに描く、本邦初の本格的評伝。２０１９

歴史

長縄光男著

ニコライ堂遺聞

四六判上製
４１６頁
３８００円
978-4-915730-57-3

明治という新しい時代の息吹を胸に、その時代の形成に何ほどかの寄与をなさんとした人々。祖国を離れ新生日本の誕生に己の人生をかけたロシア人たちと、その姿に胸打たれ後を追った日本人たち。ニコライ堂に集った人々の栄光、挫折、そして再生が描かれる。２００７

歴史

ポダルコ・ピョートル著

白系ロシア人とニッポン

Ａ５判上製
２２４頁
２４００円
978-4-915730-81-8

来日した外国人のなかで、ロシア人が最も多かった時代があった。一九一七年の十月革命後に革命軍に抗して戦い、敗れて亡命した白系ロシア人たちだ。ソ連時代には顧みられなかった彼らを、日露関係史を専門とするロシア人研究者が入念に掘り起こして紹介する。２０１０ ◎

歴史

生田美智子編

満洲の中のロシア

境界の流動性と人的ネットワーク

Ａ５判上製
３０４頁
３４００円
978-4-915730-92-4

満洲は、白系ロシアとソヴィエトロシアが拮抗して共存する世界でも類を見ない空間であった。本書は、その空間における境界の流動性や人的ネットワークに着目、生き残りをかけたダイナミズムを持つものとして、様々な角度から照射していく。２０１２

歴史・思想

森岡真史著

ボリス・ブルックスの生涯と思想

民衆の自由主義を求めて

Ａ５判上製
４５６頁
４４００円
978-4-915730-94-8

ソ連社会主義の同時代における透徹した批判者ボリス・ブルックスの本邦初の本格的研究。ブルックスがネップ下のロシアで、また国外追放後に亡命地で展開したソヴェト経済の分析と批判の全体像を、民衆に根ざした独自の自由主義経済思想とともに明らかにする。　２０１２

歴史

近藤喜重郎著

在外ロシア正教会の成立

移民のための教会から亡命教会へ

Ａ５判上製
２８０頁
３２００円
978-4-915730-83-2

革命によって離散を余儀なくされたロシア正教会の信徒たち。国内外で起きたさまざまな出来事が正教会の分裂と統合を促していく。その歴史を辿るなかで、在外ロシア正教会の指導者たちがいかにして信徒たちを統率しようとしていったのかを追う。　２０１０

歴史

Ｖ・クラスコーワ編　太田正一訳

クレムリンの子どもたち

Ａ５判上製
４４６頁
５０００円
978-4-915730-24-5

「子どもたちこそ輝く未来！」――だが、この国の未来はそら恐ろしいものになってしまった。秘密警察長官ジェルジーンスキイから大統領ゴルバチョフまで、歴代の赤い貴族の子どもたちを通して、その「家族の記録」すなわち「悲劇に満ちたソ連邦史」を描き尽くす。　１９９８

歴史

モーリーン・ペリー著　栗生沢猛夫訳

スターリンとイヴァン雷帝

スターリン時代のロシアにおけるイヴァン雷帝崇拝

四六判上製
４３２頁
４２００円
978-4-915730-71-9

国家建設と防衛、圧制とテロル。矛盾に満ちたイヴァン雷帝の評価は、その時代の民衆と為政者によって、微妙に、そして大胆に変容を迫られてきた。スターリン時代に、その跡を辿る。国家、歴史、そしてロシアを考えるうえで、示唆に満ちた一冊。　２００９

歴史

Ｊ・ロッシ著　外川継男訳　内村剛介解題

さまざまな生の断片

ソ連強制収容所の２０年

四六判上製
２０８頁
１９４２円
978-4-915730-16-0

フランスに生まれ、若くしてコミュニストとなり、スパイ容疑でソ連で逮捕。以降二十四年の歳月を収容所で送った著者が、その経験した出来事を赤裸々に、淡々と述べた好編。スターリン獄の実態、そしてソ連邦とは何だったのかを考えるうえでも示唆的な書。　１９９６　◎

歴史・思想

外川継男著

サビタの花

ロシア史における私の歩み

四六判上製
４１６頁
３８００円
978-4-915730-62-7

若き日にロシア史研究を志した著者は、まずアメリカ、そしてフランスに留学。ロシアのみならずさまざまな地域を訪問することで、ロシア・ソ連邦史、日露関係史に関する独自の考えを形成していく。訪れた地域、文明、文化、そして接した人びとの姿が生き生きと描かれる。　２００７

歴史

太田丈太郎著

「ロシア・モダニズム」を生きる

日本とロシア、コトバとヒトのネットワーク

978-4-86520-009-6

A5判上製
424頁
5000円

一九〇〇年代から三〇年代まで、日本とロシアで交わされた、そのネットワークに迫る。個々のヒトの、作品やコトバの関わり、その彩りゆたかなネットワーク。それらを本邦初公開の資料を使って鮮やかに蘇らせる。掘り起こされる日露交流新史。 2014

歴史

太田丈太郎著

イリーナさんというひと

ソ連という時間をさがして

978-4-86520-048-5

A5判上製
272頁
3000円

ソ連という時間を生きた女性が遺した文書を読み解き、個々のヒトの「ヴォイス」を甦らせていく。いぬいとみことチュコーフスキーの児童文学、ブブノワの画家としての業績、「青年同盟」をめぐるニコライ・ハールジエフの研究、島尾敏雄の小説が蘇ってくる。 2020

歴史

神長英輔著

「北洋」の誕生

場と人と物語

978-4-86520-008-9

A5判上製
280頁
3500円

北洋とは何か、北洋漁業とは何か。十九世紀半ば以降のその通史（＝場）を概観し、そこに関わった人物たちの生涯（＝人）を辿りながら、北洋（漁業）の歴史の語り方そのもの（＝物語）を問うていく。いまなお形を変えながら語り継がれている物語に迫る。 2014

歴史

N・ヴィシネフスキー著　小山内道子訳

トナカイ王

北方先住民のサハリン史

978-4-915730-52-8

四六判上製
224頁
2000円

サハリン・ポロナイスク（敷香）の先住民集落「オタス」で「トナカイ王」と呼ばれたヤクート人ドミートリー・ヴィノクーロフ。かれは故郷ヤクーチア（現・サハ共和国）の独立に向け、日本の支援を求めて活動した。戦前、日本とソ連に翻弄された北方先住民たちの貴重な記録。 2006

歴史・文学

リディア・ヤーストレボヴァ著　小山内道子訳

始まったのは大連だった

リュドミーラの恋の物語

978-4-915730-91-7

四六判上製
240頁
2000円

大連で白系ロシア人の裕福な家庭に育ったミーラ。日本降伏後に進攻してきたソ連軍の将校サーシャ。その出会い、別離、そして永い時を経ての再会。物語は、日本人の知らなかった満州、オーストラリア、ソ連を舞台に繰り広げられる。 2012

歴史

エレーナ・サヴェーリエヴァ著　小山内道子訳　サハリン・樺太史研究会監修

日本領樺太・千島からソ連領サハリン州へ

一九四五年―一九四七年

978-4-86520-014-0

A5判上製
192頁
2200円

日本領樺太・千島がソ連領サハリン州へ移行する過程は、ソ連時代には半ばタブーであった。公文書館に保存されていた「極秘」文書が一九九二年に公開され、ようやくその全容が知られることになる。民政局によって指導された混乱の一年半を各方面において再現、検証する。 2015

歴史

長縄光男、沢田和彦編

異郷に生きる

来日ロシア人の足跡

A5判上製
274頁
2800円
978-4-915730-29-0

日本にやって来たロシア人たち——その消息の多くは知られていない。かれらは、文学、思想、芸術の分野だけでなく、日常生活の次元において、いかなる痕跡をとどめているのか。数奇な運命を辿った人びとの足跡を追うとともに、かれらが見た日本を浮かび上がらせる。　2001

歴史

中村喜和、長縄光男、長與進編

異郷に生きるⅡ

来日ロシア人の足跡

A5判上製
274頁
2800円
978-4-915730-38-2

数奇な運命を辿ったロシアの人びとの足跡。それは、時代に翻弄されながらも、人としてしたたかに、そして豊かに生きた記録でもある。日本とロシアの草の根における人と人との交流の跡を辿ることで、異郷としての日本をも浮かび上がらせる。好評の第二弾——　2003

歴史

中村喜和、安井亮平、長縄光男、長與進編

遥かなり、わが故郷

異郷に生きるⅢ

A5判上製
294頁
3000円
978-4-915730-48-1

鎖国時代の日本にやってきたロシアの人や文化。開国後に赴任したペテルブルクで榎本武揚が見たもの。大陸や半島、島嶼で出会うことになる日露の人々と文化の交流。日本とロシアのあいだで交わされた跡を辿ることで、日露交流を多面的に描き出す、好評の第三弾——　2005

歴史

中村喜和、長縄光男、ポダルコ・ピョートル編

異郷に生きるⅣ

来日ロシア人の足跡

A5判上製
250頁
2600円
978-4-915730-69-6

ポーランド、東シベリア、ウラジヴォストーク、北朝鮮、南米、北米。ロシア、函館、東京、ソ連、そしてキューバ。時代に翻弄され、数奇な運命を辿ることになったロシアの人びと。さまざまな地域、時代における日露交流の記録を掘り起こして好評のシリーズ第四弾——　2008

歴史

中村喜和、長縄光男、ポダルコ・ピョートル編

異郷に生きるⅤ

来日ロシア人の足跡

A5判上製
360頁
3600円
978-4-915730-80-1

幕末の開港とともにやって来て発展したロシア正教会。日露戦争、日露協商、ロシア革命、大陸での日ソの対峙、そして戦後。その間にも多様な形で続けられてきた交流の歴史。さまざまな地域、時期における日露交流の記録を掘り起こして好評のシリーズ第五弾——　2010

歴史

中村喜和、長縄光男、沢田和彦、ポダルコ・ピョートル編

異郷に生きるⅥ

来日ロシア人の足跡

A5判上製
368頁
3600円
978-4-86520-022-5

近代の歴史の中で、ともすれば反目しがちであった日本とロシア。時代の激浪に流され苦難の道を辿ることになったロシアの人々を暖かく迎え入れた日本の人々。さまざまな地域、さまざまな時期における日露交流の記憶を掘り起こす好評のシリーズ、最新の論集——　2016

現代・ビジネス

ロシアの躁と鬱

ビジネス体験から覗いたロシア

中尾ちゑこ著

四六判上製
200頁
1600円
978-4-86520-028-7

ソ連崩壊後に「気まぐれな好奇心」からモスクワのビジネススクールで短期講師に就任。それ以来、ロシアに特化したビジネスを展開する著者の目に映ったロシア、ロシア人、彼らとのビジネスを赤裸々に描く。48歳でロシアビジネスに踏み込んでいった女性の型破りの記録。 2018

歴史

ハプスブルクとハンガリー

H・バラージュ・エーヴァ著 渡邊昭子、岩崎周一訳

四六判上製
416頁
4000円
978-4-915730-39-9

中央ヨーロッパに巨大な版図を誇ったハプスブルク君主国。本書は、その啓蒙絶対主義期について、幅広い見地から詳細かつ精緻に叙述する。君主国内最大の領域を有し、王国という地位を保ち続けたハンガリーから眺めることで、より生き生きと具体的にその実像を描く。 2003

歴史

オーストリアの歴史

R・リケット著 青山孝徳訳

四六判並製
208頁
1942円
978-4-915730-12-2

中欧の核であり、それゆえに幾多の民族の葛藤、類のない統治を経てきたオーストリア。そのケルト人たちが居住した古代から、ハプスブルク帝国の勃興、繁栄、終焉、そして一次、二次共和国を経て現代までを描いた、今まで日本に類書がなかった通史。 1995

歴史

カール・レンナー

1870—1950

ジークフリート・ナスコ著 青山孝徳訳

四六判上製
208頁
2000円
978-4-86520-013-3

オーストリア＝ハンガリー帝国に生まれ、両大戦間には労働運動、政治の場で生き、そして大戦後のオーストリアを国父として率いたレンナー。本書は、その八十年にわたる生涯を、その時々に国家が直面した問題と、それに対するかれの対応とに言及しながら記述していく。 2015

歴史

カール・レンナー

その蹉跌と再生

ジークフリート・ナスコ著 青山孝徳訳

A5判上製
400頁
5000円
978-4-86520-033-1

二つの世界大戦後の混乱の中で二度の共和国樹立者、つねに調和を重んじ、構想力に富み、前向きで思いやりのある政治家。すでにコンパクトながら包括的な伝記のある著者が、本書でより詳細にレンナー八十年の実像に迫る。粘り強くオーストリアを率いた「国父」の肖像。 2019

歴史

カール・レンナー入門

アントーン・ペリンカ著 青山孝徳訳

四六判上製
176頁
1800円
978-4-86520-050-8

オーストリアの「国父」は死後70年の現在も評価と批判が交錯する人物である。オーストリアの抱える「あいまいさ」――ナチから解放された国であるとともに、ナチとともに犯した加害を忘れた国――を作り出したのはレンナーではないか、と著者は鋭く迫る。 2020

歴史

資本主義の世界像

オットー・バウアー著　青山孝徳訳　水田洋 序論

四六判並製
96頁
1000円
978-4-86520-052-2

本書は一九一六年、シベリアの捕虜収容所において、大きな資料的制約の下で執筆された、バウアーの唯一とも言える哲学的著作である。名著『封建的世界像から市民的世界像へ』の著者フランツ・ボルケナウは、自分が重要な示唆を受け取った著作の一つに本書を上げる。　2020

歴史

統制経済と食糧問題

第一次大戦期におけるポズナン市食糧政策

松家仁著

A5判上製
304頁
3200円
978-4-915730-32-0

十八世紀末葉のポーランド分割でドイツに併合されたポズナン。本書は、第一次大戦下、そこで行われた戦時統制経済を具体的に描き出し、分析していく。そこには、民族、階級の問題など、それ以降の統制経済に付き纏うさまざまな負の遺産の萌芽がある――。　2001

歴史

国家建設のイコノグラフィー

ソ連とユーゴの五カ年計画プロパガンダ

亀田真澄著

A5判上製
184頁
2200円
978-4-86520-004-1

ユーゴスラヴィア第一次五カ年計画のプロパガンダは、ソ連の第一次・第二次五カ年計画とはいかに異なる想像力のうえになされていたのか。それぞれのメディアで創りだされる視覚表象を通し、国家が国民をどのようにデザインしていったのかを解明していく。　2014

歴史

彗星と飛行機と幻の祖国と

ミラン・ラスチスラウ・シチェファーニクの生涯

ヤーン・ユリーチェク著　長與進訳

A5判上製
336頁
4000円
978-4-86520-012-6

スロヴァキアの小さな村に生まれ、天文学の道へ。パリ―アルプス―南米―タヒチと世界を巡り、第一次大戦時にはフランス軍でパイロットとして活躍。そして、マサリク、ベネシュとともにチェコスロヴァキア建国に専念していく。その数奇な生涯をたどる。　2015

社会思想

私の社会思想史

マルクス、ゴットシャルヒ、宇野弘蔵等との学問的対話

黒滝正昭著

A5判上製
488頁
4800円
978-4-915730-75-7

「初期マルクス」の思想形成過程から入って、宇野弘蔵、ヒルファーディング等現代社会思想の森林の迷路を旅する。服部文男・ゴットシャルヒの導きで学問的対話の域に達した著者四十五年間の、研究の軌跡と問いかけ。　2009

歴史・思想

ユートピアの鎖

全体主義の歴史経験

小沼堅司著

四六判上製
296頁
2500円
978-4-915730-41-2

マルクス＝レーニン主義のドグマと「万世一党」支配の下で起っていた多くの悲劇。本書は、スターリンとその後の体制がもったメカニズムを明らかにするとともに、ドストエフスキー、ジイド、オーウェルなどいち早くそこに潜む悲劇性を看取した人びとの思想を紹介する。　2003

歴史・思想

A・シュタイン著　倉田稔訳

ヒルファディング伝

ナチズムとボルシェヴィズムに抗して

B6変並製
112頁
1200円
978-4-915730-00-9

名著『金融資本論』の著者としてだけでなく、社会民主主義を実践し大戦間の大蔵大臣を務めるなど党指導者・政治家として幅広く活躍したヒルファディング。ナチズムによる非業の死で終った彼の生涯を、個人的な思い出とともに盟友が鮮やかに描き尽くす。　1988

歴史・思想

倉田稔著

マルクス『資本論』ドイツ語初版

B6変並製
36頁
300円
978-4-915730-18-4

小樽商科大学図書館には、世界でも珍しいリーナ・シェーラー宛マルクス自署献呈本がある。この本が、シェーラーに献呈された経緯と背景、また日本の図書館に入って来ることになった数奇な経緯をエピソードとともに辿る。不朽の名著に関する簡便な説明を付す。　1997

歴史

倉田稔著

ハプスブルク・オーストリア・ウィーン

四六判上製
192頁
1500円
978-4-915730-31-3

中央ヨーロッパに永らく君臨したハプスブルク帝国。その居城であったウィーンは、いまでも多くの文化遺産を遺した、歴史に彩られた都である。その地に三年居住した著者が、歴史にとどまらず、多方面から独自の視点でオーストリア、ウィーンを描きだす。　2001

歴史・思想

倉田稔著

ルードルフ・ヒルファディング研究

四六判上製
240頁
2400円
978-4-915730-85-6

二十世紀前半の激動の時代に、ヒルファディングは初めマルクスに従いながら創造的な研究をし、そしてマルクスを超える視点を見出した。『金融資本論』の著者は、新しい現実をユニークに分析し、とりわけナチズムとソ連体制を冷静に観察し、批判した人物でもある。　2011

歴史・思想

倉田稔著

ヨーロッパ　社会思想　小樽

私のなかの歴史

四六判上製
256頁
2000円
978-4-915730-99-3

学問への目覚めから、ヨーロッパを中心とする社会思想史、そして小林多喜二論、日本社会論へと続く、著者の学問的足跡をたどる。『北海道新聞』に連載された記事（2011年）に大きく加筆して再構成。また、留学したヨーロッパでの経験を、著者独自の眼差しで描く。　2013

歴史・思想

倉田稔著

マルクス主義

四六判並製
160頁
1200円
978-4-86520-002-7

マルクス主義とは何か。その成り立ちから発展、変遷を、歴史上の思想、人物、事象を浮き彫りにしながら辿る。かつ、現代の世界情勢について、マルクス主義の視座から、グローバルにそして歴史を踏まえつつ分け入っていく。今日的課題を考えるときの一つの大きな視点。　2014

現代・思想

日本社会をよくするために

倉田稔著

B6変並製
32頁
300円
978-4-86520-026-3

金権政治、選挙、行政、労働それに教育とテーマは幅広く深い。それにも関わらず、平易な文章なので、日本語を母国語としない学習者向け教材にも活用できる程。何よりも著者が自身の考えや知識で教え導くのではなく、読者に寄り添い共に考えてくれる意義深い書物。 2018

歴史・思想

進歩とは何か

N・K・ミハイロフスキー著　石川郁男訳

A5判上製
256頁
4854円
978-4-915730-06-1

個人を神聖不可侵とし、個人と人民を労働を媒介として結び付け、社会主義を「共同体的原理による個人的原理の勝利」とする。この思想の出発点が本書でありナロードニキ主義の古典である。その本邦初訳に加え、訳者「生涯と著作」所収。待望の本格的研究。 1994

歴史・思想

ロシア「保守反動」の美学

レオンチエフの生涯と思想

高野雅之著

四六判上製
240頁
2400円
978-4-915730-60-3

十九世紀ロシアの特異な人物であり、今日のロシアでブームを呼び起こしているレオンチエフの波乱にみちた生涯を追う。そして思想家としてのかれのなかに、すなわちその政論と歴史哲学のなかに、「美こそすべての基準」という独自の美学的世界観を跡づけていく。 2007

歴史・思想

ユーラシア主義とは何か

浜由樹子著

四六判上製
304頁
3000円
978-4-915730-78-8

ロシアはヨーロッパでもアジアでもないユーラシアである。ソ連邦崩壊後にロシア内外で注目を集めたこの主張は、一九二〇年代のロシア人亡命者の中から生まれた思想潮流に源を発している。その歴史的起源を解明し、戦間期国際関係史の中への位置づけを図る。 2010 ◎

歴史・思想

ロシアのオリエンタリズム

ロシアのアジア・イメージ、ピョートル大帝から亡命者まで

デイヴィド・シンメルペンニンク＝ファン＝デル＝オイェ著　浜由樹子訳

A5判上製
352頁
4000円
978-4-86520-000-3

敵か味方か、危険か運命か、他者か自己か。ロシアにとってアジアとは。他のヨーロッパ人よりもはるかに東方に通じていたロシア人が、オリエントをいかに多様な色相で眺めてきたかを検証。ユーラシア史、さらには世界史を考えようとする人には必読の書（杉山正明氏）。 2013

歴史・思想

ロシア社会思想史 上巻

インテリゲンツィヤによる個人主義のための闘い

イヴァーノフ＝ラズームニク著　佐野努・佐野洋子訳

A5判上製
616頁
7400円
978-4-915730-97-9

ロシア社会思想史はインテリゲンツィヤによる人格と人間の解放運動史である。ラヂーシェフ、デカブリストから、西欧主義とスラヴ主義を総合してロシア社会主義を創始するゲルツェンを経て、革命的民主主義者チェルヌイシェフスキーへとその旗は受け継がれていく。 2013

歴史・思想

ロシア社会思想史　下巻

インテリゲンツィヤによる個人主義のための闘い

イヴァーノフ＝ラズームニク著　佐野努・佐野洋子訳

Ａ５判上製
５８４頁
７０００円
978-4-915730-98-6

人間人格の解放をめざす個人主義のための闘い。倫理的個人主義を高唱したトルストイとドストエフスキー、社会学的個人主義を論証したミハイローフスキー。「大なる社会性」と「絶対なる個人主義」の結合というロシア社会主義の尊い遺訓は次世代の者へと託される。２０１３

歴史・文学

監獄と流刑

イヴァーノフ＝ラズームニク回想記

松原広志訳

Ａ５判上製
３８０頁
５０００円
978-4-86520-017-1

帝政ロシアの若き日に逮捕、投獄された著者は、物理学徒からナロードニキ主義の作家・思想家の途へ転じ、その著作で頭角を現す。革命後のロシアでは反革命の嫌疑をかけ続けられ、革命と戦争の激動の時代に三度の投獄・流刑の日々を繰り返した。その壮絶な記録。２０１６

歴史・文学

ロシア・インテリゲンツィヤの運命

イヴァーノフ＝ラズームニクと20世紀前半ロシア

松原広志著

Ａ５判上製
３１２頁
４０００円
978-4-86520-032-4

自由と人格の尊厳を求めて文筆活動に携わり、帝政ロシアからスターリンの監獄までを経験、その後ナチス・ドイツの収容所を経て、戦火のヨーロッパ各地を流転。その間、多くの知識人たちと交わした論争を紹介しながら、その流浪の生涯を浮き彫りにしていく。２０１９

歴史・思想

ロシアとヨーロッパⅠ

ロシアにおける精神潮流の研究

Ｔ・Ｇ・マサリク著　石川達夫訳

Ａ５判上製
３７６頁
４８００円
978-4-915730-34-4

第１部「ロシアの歴史哲学と宗教哲学の諸問題」では、ロシア精神を理解するために、ロシア国家の起源から第一次革命に至るまでのロシア史を概観する。第２部「ロシアの歴史哲学と宗教哲学の概略」では、チャアダーエフからゲルツェンまでの思想家たちを検討する。２００２

歴史・思想

ロシアとヨーロッパⅡ

ロシアにおける精神潮流の研究

Ｔ・Ｇ・マサリク著　石川達夫・長與進訳

Ａ５判上製
５１２頁
６９００円
978-4-915730-35-1

第２部「ロシアの歴史哲学と宗教哲学の概略」（続き）では、バクーニンからミハイローフスキーまでの思想家、反動家、新しい思想潮流を検討。第３部第１編「神権政治対民主主義」では、西欧哲学と比較したロシア哲学の特徴を析出し、ロシアの歴史哲学的分析を行う。２００４

歴史・思想

ロシアとヨーロッパⅢ

ロシアにおける精神潮流の研究

Ｔ・Ｇ・マサリク著　石川達夫・長與進訳

Ａ５判上製
４８０頁
６４００円
978-4-915730-36-8

第３部第２編「神をめぐる闘い。ドストエフスキー」は、本書全体の核となるドストエフスキー論であり、ドストエフスキーの思想を批判的に分析する。第３編「巨人主義かヒューマニズムか。プーシキンからゴーリキーへ」では、ドストエフスキー以外の作家たちを論じる。２００５

歴史・思想

A・F・ローセフ著　大須賀史和訳

神話学序説

表現・存在・生活をめぐる哲学

四六判上製
322頁
3000円
978-4-915730-54-2

スターリン体制が確立しようとする一九二〇年代後半、ソ連に現れた哲学の巨人ローセフ。革命前「銀の時代」の精神をバックグラウンドに、ギリシア哲学、ロシア正教、宗教哲学、西欧哲学に通暁した著者が、革命の時代に抗いながら提起した哲学的構想の一つ。　２００６

歴史・思想

御子柴道夫著

ロシア宗教思想史

四六判上製
304頁
2500円
978-4-915730-37-5

神を論じることは人間を論じること、神を信じることは人間を信じること。ロシア正教一千年の歴史のなかで伝統として蓄積され、今なおその底流に生き続ける思想とはなにか。ビザンチン、ヨーロッパ、ロシアの原資料を渉猟し、対話することで、その思想の本質に迫る。　２００３

歴史・思想

御子柴道夫編

ロシア革命と亡命思想家

1900—1946

A5判上製
432頁
4000円
978-4-915730-53-5

革命と戦争の時代を生きたロシアの思想家たちが、その雰囲気を語り、その社会に訴えかけた諸論文を紹介する。その背後には、激しい時代の奔流の中で何かを求めて耳傾けている切迫した顔の聴衆が見える。時代を概観できる詳細な年表、各論文の丁寧な解題を付す。　２００６

歴史・文学

セルゲイ・ブルガーコフ著　堀江広行訳

名前の哲学

二十世紀ロシア神名論の哲学

A5判上製
352頁
5000円
978-4-86520-049-2

無神論に対抗して二十世紀初頭に花開いたロシア宗教哲学は、ロシア正教の言語観と神名論に着目した独自の言語哲学を生む。名詞の背後に人間を介した宇宙の発話と、宇宙を介した個人の発話を見て、これら人間によるすべての命名の頂点にある神名の啓示を説く。　２０２１

歴史・文学

川崎隆司著

原典によるロシア文学への招待

古代からゴーゴリまで

四六判上製
336頁
3200円
978-4-915730-70-2

古代から近代までのロシア文学・思想を、その特異な歴史的背景を解説しながら、それぞれの代表的作品の原典を通して紹介。文学を理解するために一番大切なことはなによりも原典を読むことであるとする著者が、独自の視点で描く。　２００８

歴史・文学

白倉克文著

近代ロシア文学の成立と西欧

四六判上製
256頁
3000円
978-4-915730-28-3

カラムジン、ジュコフスキー、プーシキン、ゴーゴリ。ロシア文学の基礎をなし、世界的現象にまで高めたかれらは、いかにして西欧と接し、どのようなものを享受したのか。西欧世界の摂取を通じ、近代の相克そのものを体験せねばならなかったロシアを微細に描きだす。 2001

歴史・文学

白倉克文著

ラジーシチェフからチェーホフへ

ロシア文化の人間性

四六判上製
400頁
4000円
978-4-915730-84-9

十八世紀から二十世紀にかけてのロシア文化が、思想・文学を中心に据えて、絵画や音楽も絡めながら、複合的・重層的に紹介される。そこに通底する身近な者への愛、弱者との共感という感情、そうした人間への眼差しを検証していく。 2011

歴史・文学

ゲーリー・マーカー著　白倉克文訳

ロシア出版文化史

十八世紀の印刷業と知識人

A5判上製
400頁
4800円
978-4-86520-007-2

近代ロシアの出版業はピョートル大帝の主導で端緒が開かれ、十八世紀末には全盛期を迎えた。この百年間で出版業の担い手は次々に移り変わったが、著者はその紆余曲折を、政治・宗教・教育との関係のなかに丹念に検証していく。特異で興味深いロシア社会史。 2014

歴史・文学

M・プリーシヴィン著　太田正一訳

森と水と日の照る夜

セーヴェル民俗紀行

A5変上製
320頁
3107円
978-4-915730-14-6

知られざる大地セーヴェル。その魂の水辺に暮らすのは、泣き女、呪術師、隠者、分離派、世捨て人、そして多くの名もなき人びと…。実存の人、ロシアの自然の歌い手が白夜に記す「愕かざる鳥たちの国」の民俗誌。一九〇六年夏、それは北の原郷への旅から始まった。 1996

自然・文学

M・プリーシヴィン著　太田正一編訳

プリーシヴィンの森の手帖

四六判上製
208頁
2000円
978-4-915730-73-3

ロシアの自然のただ中にいた！　生きとし生けるものをひたすら観察し洞察し表現し、そのなかに自らと同根同種の血を感受する歓び、優しさ、またその厳しさ。生の個性の面白さをとことん愉しみ、また生の孤独の豊かさを味わい尽くす珠玉の掌編。 2009

歴史・文学

太田正一編訳

プリーシヴィンの日記

1914—1917

A5判上製
536頁
6400円
978-4-86520-025-6

本書は、プリーシヴィンが長年に渡って書き続けた詳細かつ厖大な日記のなかで、第一次世界大戦からロシア革命に至る四年間を選び出し編訳したものである。メディアや人びとのうわさ、眼前に見る光景などが描かれ、時代の様相と透徹した眼差しが伝わってくる。 2018

歴史・民俗

ロシア民衆挽歌
セーヴェルの葬礼泣き歌

中堀正洋著

四六判上製
288頁
2800円
978-4-915730-77-1

世界的に見られる葬礼泣き歌を十九世紀ロシアに検証する。天才的泣き女と謳われたフェドソーヴァの泣き歌を中心に、時代とセーヴェル（ロシア北部地方）という特殊な地域の民間伝承、民俗資料を用い、当時の民衆の諸観念と泣き歌との関連を考察していく。　2010

歴史・文学

イワンのくらし いまむかし
ロシア民衆の世界

中村喜和編

四六判上製
272頁
2718円
978-4-915730-09-2

ロシアで「ナロード」と呼ばれる一般の民衆＝イワンたちはどんな生活をしているだろうか？「昔ばなし」「日々のくらし」「人ともの」「植物誌」「旅の記録」。五つの日常生活の視点によってまとめられた記録、論稿が、ロシア民衆の世界を浮かび上がらせる。　1994

文学

村の生きものたち

V・ベローフ著　中村喜和訳

B6判上製
160頁
1500円
978-4-915730-19-1

ひとりで郵便配達をした馬、もらわれていった仔犬に乳をやりにいく母犬、屋根に登ったヤギのこと……。「魚釣りがとりもつ縁」で北ロシアの農村に暮らす動物好きのフェージャと知り合った「私」が、村のさまざまな動物たちの姿を見つめて描く詩情豊かなスケッチ集。　1997

文学

時空間を打破するミハイル・ブルガーコフ論

大森雅子著

A5判上製
448頁
7500円
978-4-86520-010-2

二十世紀ロシア文学を代表する作家の新たな像の構築を試みる。代表作に共通するモチーフやテーマが、当時のソ連の社会、文化の中でどのように形成され、初期作品から生涯最後の長篇小説『巨匠とマルガリータ』にいかに結実していったのかを明らかにする。　2014

文学

わが家の人びと
ドヴラートフ家年代記

S・ドヴラートフ著　沼野充義訳

四六判上製
224頁
2200円
978-4-915730-20-7

祖父達の逸話に始まり、ドヴラートフ家の多彩な人々の姿を鮮やかに描きながら、アメリカに亡命した作者に息子が生まれるまで、四代にわたる年代記が繰り広げられる。その語りは軽やかで、ユーモアに満ち、どこまで本当か分からないホラ話の呼吸で進んでいく。　1997

文学

かばん

S・ドヴラートフ著　ペトロフ＝守屋愛訳　沼野充義解説

四六判上製
224頁
2200円
978-4-915730-27-6

ソ連からアメリカへ旅行鞄一つで亡命したドヴラートフ。彼がそのかばんをニューヨークで開いたとき、そこに見出したのは、底の抜けた陽気さと温かさ、それでいてちょっぴり悲しいソビエトでの思い出の数々だった。独特のユーモアとアイロニーの作家、本邦第二弾。　2000

文学

竹内恵子著

廃墟のテクスト
亡命詩人ヨシフ・ブロツキイと現代

四六判上製
336頁
3400円
978-4-915730-96-2

ソ連とアメリカ、東西陣営の両端から現代社会をアイロニカルに観察するという経験こそ、戦後の文化的廃墟から出発した彼を世界的詩人へと押し上げていく。ノーベル賞詩人の遺したテクストを読み解く本邦初の本格的研究。「極上の講義を受けている気分」（管啓次郎氏）。2013

歴史・文学

高橋誠一郎著

ロシアの近代化と若きドストエフスキー
「祖国戦争」からクリミア戦争へ

四六判上製
272頁
2600円
978-4-915730-59-7

祖国戦争から十数年をへて始まりクリミア戦争の時期まで続いたニコライ一世（在位一八二五―五五年）の「暗黒の三〇年」。父親との確執、そして初期作品を詳しく分析することで、ドストエフスキーが「人間の謎」にどのように迫ったのかを明らかにする。2007

歴史・文学

高橋誠一郎著

黒澤明で「白痴」を読み解く

四六判上製
352頁
2800円
978-4-915730-86-3

「白痴」の方法や意義を深く理解していた黒澤映画を通し、登場人物の関係に注目しつつ「白痴」を具体的に読み直す―。ロシアの「キリスト公爵」とされる主人公ムィシキンの謎に迫るだけでなく、その現代的な意義をも明らかにしていく。2011

歴史・文学

高橋誠一郎著

黒澤明と小林秀雄
「罪と罰」をめぐる静かなる決闘

四六判上製
304頁
2500円
978-4-86520-005-8

一九五六年十二月、黒澤明と小林秀雄は対談を行ったが、残念ながらその記事が掲載されなかったため、詳細は分かっていない。共にドストエフスキーにこだわり続けた両雄の思考遍歴をたどり、その時代背景を探ることで「対談」の謎に迫る。2014

歴史・文学

高橋誠一郎著

「罪と罰」の受容と「立憲主義」の危機
北村透谷から島崎藤村へ

四六判上製
224頁
2000円
978-4-86520-031-7

青春時代に「憲法」を獲得した明治の文学者たちの視点で、「憲法」のない帝政ロシアで書かれ、権力と自由の問題に肉薄していた『罪と罰』を読み解き、島崎藤村の『破戒』や『夜明け前』との関連に迫る。さらに、徳富蘇峰と小林秀雄の文学観の危険性に迫る。2019

文学

長瀬隆著

ドストエフスキーとは何か

四六判上製
448頁
4200円
978-4-915730-67-2

全作品を解明する鍵ドヴォイニーク（二重人、分身）は両義性を有する非合理的な言葉である。唯一絶対神を有りとする非合理な精神はこの一語の存在と深く結びついている。ドストエフスキーの偉大さはこの問題にこだわり、それを究極まで追及したことにある。　２００８

文学

木下豊房著

近代日本文学とドストエフスキー

夢と自意識のドラマ

四六判上製
336頁
3301円
978-4-915730-05-4

二×二が四は死の始まりだ。近代合理主義への抵抗と、夢想、空想、自意識のはざまでの葛藤。ポリフォニックに乱舞し、苦悩するドストエフスキーの子供たち。近代日本の作家、詩人に潜在する「ドストエフスキー的問題」に光を当て、創作意識と方法の本質に迫る。　１９９３

文学

木下豊房著

ドストエフスキー　その対話的世界

四六判上製
368頁
3600円
978-4-915730-33-7

現代に生きるドストエフスキー文学の本質を作家の対話的人間観と創作方法の接点から論じる。ロシアと日本の研究史の水脈を踏まえ、創作理念の独創性とその深さに光をあてる。国際化する研究のなかでの成果。他に、興味深いエッセイ多数。　２００２

文学

木下宣子著

ロシアの冠毛

A5判上製
112頁
1800円
978-4-915730-43-6

著者は二十世紀末の転換期のロシアを三度にわたって訪問。日本人として、日本の女性として、ロシアをうたった。そこに一貫して流れるのは、混迷する現代ロシアの身近な現実を通して、その行く末を温かく見つめようとする詩人の魂である。精霊に導かれた幻景の旅の詩。　２００３

歴史・芸術

イメージのポルカ
スラヴの視覚芸術

近藤昌夫、渡辺聡子、角伸明、大平美智代、加藤純子著

A5判上製
272頁
2800円
978-4-915730-68-9

聖像画イコン、シャガール、カンディンスキーの絵画、ノルシュテイン、シュヴァンクマイエルのアニメ、ペトルーシュカやカシュパーレクなどの喜劇人形——聖と俗の様々な視覚芸術を触媒に、スラヴ世界の共通性とともに民族の個性を追い求める六編を収録。

2008

文学

新編 ヴィーナスの腕

J・サイフェルト詩集　飯島周訳

四六変上製
160頁
1600円
978-4-915730-26-9

詩人の全作品を通じて流れるのは『この世の美しきものすべて』、特に女性の美しさと自由に対するあこがれ、愛と死の織りなす人世模様や不条理を、日常的な言葉で表現しようとする努力である。ノーベル文学賞を受賞したチェコの国民的詩人の本領を伝える新編選集。

2000

文学

チェスワフ・ミウォシュ詩集

関口時正・沼野充義編

四六判上製
208頁
2000円
978-4-915730-87-0

ポーランドで自主管理労組《連帯》の活動が盛り上がりを見せる一九八〇年、亡命先のアメリカでノーベル文学賞を受賞し、一躍世界に名を知られることとなったチェスワフ・ミウォシュ。かれの生誕百年を記念して編まれた訳詩集。

2011

文学

ポケットのなかの東欧文学
ルネッサンスから現代まで

飯島周、小原雅俊編

四六判上製
560頁
5000円
978-4-915730-56-6

隠れた原石が放つもうひとつのヨーロッパの息吹。四十九人の著者による詩、小説、エッセイを一堂に集めたアンソロジー。目を閉じてページをめくると、そこは、どこか懐かしい、それでいて新しい世界。ポケットから語りかける、知られざる名作がここにある。

2006

芸術・文学

ブルーノ・シュルツの世界

加藤有子編

A5判上製
252頁
3000円
978-4-86520-001-0

シュルツの小説は、現在四十ちかくの言語に訳され、世界各地で作家や芸術家にインスピレーションを与えている。そのかれは画業も残した。かれのガラス版画、油彩を収録するほか、作品の翻案と翻訳、作品が各所に与えた影響を論じるエッセイ、論考を集める。

2013

歴史・文学

バッカナリア 酒と文学の饗宴

沓掛良彦・阿部賢一編

四六判上製
384頁
3000円
978-4-915730-90-0

「酒」を愛し、世界の「文学」に通じた十二名の論考による「饗宴」。世界各地の文学作品で言及される酒を、縦横に読解していく。盃を片手に、さらなる読書へと誘うブックガイドも収録。酒を愛し、詩と小説を愛するすべての人に捧げる。

2012

歴史・文学

アロイス・イラーセク著　浦井康男訳

暗黒 上巻

18世紀、イエズス会とチェコ・バロックの世界

A5判上製
408頁
5400円
978-4-86520-019-5

フスによる宗教改革の後いったんは民族文化の大輪の花を咲かせたものの独立を失い、ハプスブルク家の専制とイエズス会による再カトリック化の中で言語と民族文化が衰退していったチェコ史の暗黒時代。史実を基に周到に創作された、本格的な長編歴史小説。　2016

歴史・文学

アロイス・イラーセク著　浦井康男訳

暗黒 下巻

18世紀、イエズス会とチェコ・バロックの世界

A5判上製
368頁
4600円
978-4-86520-020-1

物語は推理小説並みの面白さや恋愛小説の要素も盛り込みつつ、いよいよ佳境を迎える。隠れフス派への弾圧が最高潮に達した18世紀前半の宗教・文化・社会の渾然一体となった状況が、立場を描き分けられた登場人物たちの交錯により、詳細に描写されていく。　2016

文学

ペトル・クラール著　阿部賢一訳

プラハ

四六判上製
208頁
2000円
978-4-915730-55-9

パリへ亡命した詩人が、故郷プラハを追憶するとき、かつてない都市の姿が浮かび上がってくる。さりげない街の光景に、詩人は、いにしえの都市が発するメッセージを読み取っていく。夢想と現実を行き来しながら、百塔の都プラハの魅力を伝えてくれる珠玉のエッセイ。　2006

歴史・文学

エマヌエル・フリンタ著　ヤン・ルカス写真　阿部賢一訳

プラハ　カフカの街

菊判上製
192頁
2400円
978-4-915730-64-1

プラハ生まれのドイツ語作家フランツ・カフカ。彼のテクストに刻印された都市を、世紀末プラハを知悉する批評家エマヌエル・フリンタが解読していく。世紀転換期における都市の社会・文化的位相の解読を試みる画期的論考。写真家ヤン・ルカスによる写真を多数収録。　2008

芸術・文学

阿部賢一著

イジー・コラーシュの詩学

A5判上製
452頁
8400円
978-4-915730-51-1

チェコに生まれたイジー・コラーシュは「コラージュ」の詩人である。かれはコラージュという芸術手法を造形芸術のみならず、言語芸術においても考察し、体系的に検討した。ファシズムとスターリニズムの時代を生きねばならなかった芸術家の詩学の全貌。　2006

文学

アヴィグドル・ダガン著　阿部賢一他訳

古いシルクハットから出た話

四六判上製
176頁
1600円
978-4-915730-63-4

世界各地を転々とした外交官が〈古いシルクハット〉を回すとき、都市の記憶が数々の逸話とともに想い起こされる。様々な都市と様々な人間模様――。プラハに育ち、イスラエルの外交官として活躍したチェコ語作家アヴィグドル・ダガンが綴る晩年の代表的な短編集。　2008

歴史・建築

ベドジフ・フォイエルシュタインと日本

ヘレナ・チャプコヴァー著　阿部賢一訳

A5判上製
296頁
4000円
978-4-86520-053-9

チェコ出身の建築家、舞台美術家、画家フォイエルシュタインは、1920年代に日本に滞在し、聖路加国際病院、駐日ソ連大使館などの建築を手がけ、その人的交流の中で日本の建築界に与えた影響は大きい。日本とチェコの知られざる芸術交流を明らかにする一冊。　2021

文学

ミラン・クンデラにおけるナルシスの悲喜劇

ローベル柊子著

四六判上製
264頁
2600円
978-4-86520-027-0

クンデラは、自らのどの小説においてもナルシス的な登場人物の物語を描き、人間全般にかかわる根幹的な事柄として、現代のメディア社会が抱える問題の特殊性にも着目しつつ、考察している。本書はクンデラの小説をこのナルシシズムのテーマに沿って読み解いていく。　2018

文学

アレクサンドレ・カズベギ作品選

三輪智恵子訳　ダヴィド・ゴギナシュヴィリ解説

四六判上製
288頁
3000円
978-4-86520-023-2

ジョージア（旧グルジア）の古典的著名作家の本邦初訳作品選。グルジア出身のスターリンもよく読んでいたことが知られている。ジョージア人の慣習や気質に触れつつ、ロシアに併合された時代の民衆の苦しい生活を描いた作品が多い。四つの代表的短編を訳出。　2017

文学

イヴァン・ツァンカル作品選

イヴァン・ゴドレール、佐々木とも子訳　鈴木啓世画

四六判上製
176頁
1600円
978-4-915730-65-8

四十年間働き続けたあなたの物語――労働と刻苦の末、いまや安らかな老後を迎えるばかりのひとりの農夫。しかし彼の目の前に突き出されたのはあまりにも意外な報酬だった。スロヴェニア文学の巨匠が描く豊かな抒情性と鋭い批判精神に満ちた代表作他一編。　2008

文学

慈悲の聖母病棟

イヴァン・ツァンカル著　佐々木とも子、イヴァン・ゴドレール訳　鈴木啓世画

四六判上製
208頁
2000円
978-4-915730-89-4

町を見下ろす丘の上に佇む慈悲の聖母会修道院――その附属病棟の一室に十四人の少女たちがベッドを並べている。丘の下の俗世を逃れたアルカディアのような世界で四季は夢見るように移り変わり、少女たちの静謐な日々が流れていくが……。　2011

文学

工藤左千夫著

新版 ファンタジー文学の世界へ

主観の哲学のために

四六判上製
160頁
1600円
978-4-915730-42-9

ファンタジーは現代への警鐘の文学であるとする著者が、J・R・R・トールキン、C・S・ルイス、フィリパ・ピアス、神沢利子、M・エンデ、プロイスラー、宮沢賢治、ル・グウィンなどの東西の著名な作品を読み解き、そのなかで、主観の哲学獲得のための糸口を探る。　2003

文学

工藤左千夫著

すてきな絵本にであえたら

絵本児童文学基礎講座I

四六判並製
192頁
1600円
978-4-915730-46-7

小樽の絵本・児童文学研究センターで長年にわたって開講され、好評を得ている基礎講座の待望の活字化。第一巻の本巻は、就学前の児童にどのような絵本を、どのように読み聞かせたらよいのかを解説する。母親が子どもと一緒に学んでいくための必携、必読の書。　2004

文学

工藤左千夫著

本とすてきにであえたら

絵本児童文学基礎講座II

四六判並製
200頁
1600円
978-4-915730-66-5

絵本・児童文学研究センター基礎講座の第二弾。本巻は、就学後の児童にどのような本を与えたらよいのかを解説する。情操の必要性、第二次反抗期と秘密、社会性の意味、自尊の必要性など、子どもの成長に合わせ、そして自己実現へ向けた本との出会いを考えていく。　2008

文学

工藤直子、斎藤惇夫、藤田のぼる、工藤左千夫、中澤千磨夫著

だから子どもの本が好き

四六判上製
176頁
1600円
978-4-915730-61-0

私は何故子どもの本が好きか、何故子どもと子どもの本にかかわるのか、子どもの本とは何か——。五人の著者たちが、多くの聴衆を前に、この難問に悪戦苦闘し、それぞれの立場、それぞれの方法で、だから子どもの本が好き!、と答えようとした記録。　2007

文学

南裕介著

シベリアから還ってきたスパイ

四六判上製
340頁
1600円
978-4-915730-50-4

敗戦後シベリアに抑留され、ソ連によってスパイに仕立てられた日本人。帰国したかれらを追う米進駐軍の諜報機関、その諜報機関の爆破を企む反米過激派組織。戦後まもなく日本で起きたスパイ事件をもとに、敗戦後の日本の挫折と復活というテーマを独自のタッチで描く。　2005

国際理解

横浜国立大学留学生センター編

国際日本学入門

トランスナショナルへの12章

四六判上製
232頁
2200円
978-4-915730-72-6

横浜国立大学で六十数カ国の留学生と日本人学生がともに受講することのできる「国際理解」科目の人気講義をもとに執筆された論文集。対峙する複数の目＝「鏡」に映り、照らし合う認識。それが相互に作用し合う形で、「日本」を考える。　2009

哲学

佐藤正衞著

素朴に生きる

大森荘蔵の哲学と人類の道

四六判上製
256頁
2400円
978-4-915730-74-0

大森哲学の地平から生を問う！　戦後わが国の最高の知性の一人である大森荘蔵と正面からとり組んだ初めての書。大森が哲学的に明らかにした人間経験の根本的事実を、人類の発生とともに古い歴史をもつ狩猟採集文化の時代にまでさかのぼって検証する。　2009

芸術

マイヤ・コバヒゼ著　鍋谷真理子訳

ロシアの演劇教育

A5判上製
228頁
2000円
978-4-86520-021-8

ロシアの演劇、演劇教育は、ロシア文化と切っても切り離せない重要な要素であり、独自の貢献をしている。ロシアの舞台芸術に長く関わってきた著者が、劇場、演劇教育機関、その俳優教育メソッドを紹介し、ロシアの演劇教育の真髄に迫る。　2016

語学

宮崎千穂、エルムロドフ・エルドルジョン著

調査・実務・旅行のための**ウズベク語会話**

ロシア語付き

A5判並製
196頁
2000円
978-4-86520-029-4

勤務先の大学で学外活動をウズベキスタンにおいて実施する科目を担当する著者が、現地での調査や講義、学生交流、ホームステイ時に学生たちの意思疎通の助けとなるよう、本書を企画。初学者から上級者まで、実際の会話の中で使えるウズベク語会話集。　2018

歴史・思想

石川達夫著

マサリクとチェコの精神

アイデンティティと自律性を求めて

A5判上製
310頁
3800円
978-4-915730-10-8

マサリクの思想が養分を吸い取り、根を下ろす土壌となったチェコの精神史とはいかなるものであり、彼はそれをいかに見て何を汲み取ったのか？　宗教改革から現代までのチェコ精神史をマサリクの思想を縦糸として読み解く。サントリー学芸賞・木村彰一賞同時受賞。　1995

歴史・文学

カレル・チャペック著　石川達夫訳

マサリクとの対話

哲人大統領の生涯と思想

A5判上製
344頁
3800円
978-4-915730-03-0

チェコスロヴァキアを建国させ、両大戦間の時代に奇跡的な繁栄と民主主義を現出させた哲人大統領の生涯と思想を、「ロボット」の造語で知られるチャペックが描いた大ベストセラー。伝記文学の傑作として名高い原著に、詳細な訳注をつけ初訳。各紙誌絶賛。　1993

チャペック小説選集

珠玉の作品を選んで編んだ本邦初の小説集

……【全6巻】

子どもの頃に出会って、生涯忘れることのない作家。
今なお世界中で読み継がれている、チェコが生んだ最高の才人。
そして「ロボット」の造語で知られるカレル・チャペック。
文学史上名高い哲学三部作を含む珠玉の作品を選んで、作家の本領を伝える。

文学

①受難像

K・チャペック著　石川達夫訳

四六判上製
200頁
1942円
978-4-915730-13-9

人間が出会う、謎めいた現実。その前に立たされた人間の当惑、真実を探りつつもつかめない人間の苦悩を描いた13編の哲学的・幻想的短編集。真実とは何か、人間はいかにして真実に至りうるかというテーマを追求した、実験的な傑作。

1995

文学

②苦悩に満ちた物語

K・チャペック著　石川達夫訳

四六判上製
184頁
1942円
978-4-915730-17-7

妻の不貞の結果生まれた娘を心底愛していた父は笑われるべきか？　外的な状況からはつかめない人間の内的な真実や、ジレンマに立たされ、相対的な真実の中で決定的な決断を下せない人間の苦悩などを描いた9編の中短編集。

1996

文学

③ホルドゥバル

K・チャペック著　飯島周訳

四六判上製
216頁
2136円
978-4-915730-11-5

アメリカでの出稼ぎから帰ってくると、家には若い男が住み込んでいて、妻も娘もよそよそしい……。献身的な愛に生きて悲劇的な最期を遂げた男の運命を描きながら、真実の測り難さと認識の多様性というテーマを展開した3部作の第1作。

1995

文学

④流れ星

K・チャペック著　飯島周訳

四六判上製
228頁
2233円
978-4-915730-15-3

飛行機事故のために瀕死の状態で病院に運び込まれた身元不明の患者X。看護婦、超能力者、詩人それぞれがこの男の人生を推理し、様々な展開をもつ物語とする。一人の人間の運命を多角的に捉えようとした作品であり、3部作の第2作。

1996

文学

⑤平凡な人生

K・チャペック著　飯島周訳

四六判上製
224頁
2300円
978-4-915730-21-4

「平凡な人間の一生も記録されるべきだ」と考えた一人の男の自伝。その記録をもとに試みられる人生の様々な岐路での選択の可能性の検証。3部作の最後の作品であり、哲学的な相対性と、それに基づく人間理解の可能性の認知に至る。

1997

文学

⑥外典

K・チャペック著　石川達夫訳

四六判上製
240頁
2400円
978-4-915730-22-1

聖書、神話、古典文学、史実などに題材をとり、見逃されていた現実を明るみに出そうとするアイロニーとウィットに満ちた29編の短編集。絶対的な真実の強制と現実の一面的な理解に対して、各人の真実の相対性と現実の多面性を示す。

1997

は行

ま行

や行

ら行

わ行

書名索引

＊は現在品切れです。

がって非合法のナチには、国家機構に潜入し、党員と同調者によって重要な地位を押えることは容易いことだった。さらにムッソリーニが、自分の対外的冒険のためにヒトラーと手打ちをしなければならなくなって、ドイツのオーストリア占領は、もはや時間の問題だった。

実際、ナチの圧力は一九三七年を通して段々と強くなり、シュシュニク首相は一九三八年三月、オーストリア独立をめぐる国民投票を慌ただしく告知して賭けに出た。その一ヶ月前には、ヒトラーからシュシュニクにベルヒテスガーデン協定が押し付けられていた。これによって、オーストリアでナチ党を合法化しなければならなかった。さらにシュシュニクは、オーストリア・ナチの指導者を内務大臣に任命することを強要された。すでにこれは全面降伏にほぼ等しかった。

非合法の労働運動は事態の深刻さを認識して、共闘により侵略者からオーストリアを守ろう、とシュシュニクに申し出た。もっともシュシュニクには、自分に不相応なことができるわけがなかった。彼はロンドンでもパリでも支援を得られず、ついに三月一一日、ナチの最後通牒に屈して辞任した。その時、彼はラジオ演説で述べた。自分はオーストリア国民とお別れする。「一言、心より祈ります。神よ、オーストリアを守り給え」。それから少しして、まだその職にあった大統領が、新たなナチのファシスト政府を認証した。もちろん、だからといって、多くの国民による歓呼の声を背にしたドイツ軍のオーストリア進駐を妨げるものではなかった。ドナウ帝国が没落して二〇年もしないうちに、今や独立のオーストリアもまた歴史となった。オーストリアは、ナチの帝国に呑み込まれた。

4　鉤十字が支配するオーストリア

バイエルン［バヴァリア］を出てウィーンを目指すドイツ軍がまだ首府に到達しないうちに、そこは騒然とした事態に陥った。体制に反対する者たちが、いくつかまだオーストリア国境を越える最後の列車を掴まえて、より安全な国外に逃れようと必死に試みていたのに対し、ナチを支持する群衆が、すでに大暴れしていた。ユダヤの隣人たちは、信じられないほど屈辱的な嫌がらせを受けた。彼らの店は破壊されたり、あるいは、いわゆる「非公式のアーリア化」によって、あっさりとオーストリアのナチに接収されたりした。過剰な暴力は異常を極め、オーストリアに侵入したドイツ軍が、それをうまく誘導する必要に迫られたほどだった。だが、そのことはもちろん、ユダヤ人に対する略奪行為が、それ以降は国家監視の下で続けられたことを意味した。ナチ人種法に基づいて「ユダヤ人」と見なされた者たちは、職場を失い、住まいを失い、全財産を失った。こうした財産は、ナチの忠実な信奉者たちに分け与えられた。「合邦」からさほど経たない一九三八年四月一日、拘束された者たちを乗せた最初の列車が、ダハウの強制収容所に向かって出発した。それはまだ、オーストリア人が国民投票によって国土の占領を公認する機会を得る前のことだった。国民投票はもちろん茶番だったが、反ファシストたちにとって驚愕だったのは、諸外国がそれを事実上、何ら反駁もせずに受け入れたことだった。ただ、メキシコとソ連だけがオーストリアの終焉に抗議した。しかし、米、英、仏のような国にとっては、何の問題もなかった。旧いオーストリアの多くの指導者たちが加担して、ナチの宣伝［合邦賛成］に努めた時、こうした国々にとって事態はずっと容易になった。その恥ずべき筆頭は、イニッツァー枢機卿とレンナー元首相だった。後者は、あるナチの新聞によるインタヴュー[9]で次のように表明した。自分は国民投票で「喜んで賛成」の票を投ずる、と。おまけにレンナーは、自ら記したある冊子[10]で評判を落とした。その中で彼は「合邦」が正当であることを裏付けようとするとともに、チェコスロヴァキアの西部と北部、いわゆるズデーテンラントの占領——半年後に実現する——を要求した。

その間に、ニュルンベルク人種法が規定するアーリア人ではない全オーストリア人に対する組織的迫害は、ますます容赦なく続けられた。一九三八年八月、「イスラエル」と「ザーラ」というファーストネームが強制的に導入された。一九三八年一一月、ナチの人種憎悪が、いわゆる「水晶の夜」に全面的に荒れ狂った。その夜、ウィーンや、その他オーストリアの町で、またしてもユダヤ人の施設の略奪、完全破壊が行われ、多くの人々が重傷を負っただけでなく、殺されもした。しかし、オーストリアに暮らす他の少数民族も、自分たちがさまざまな迫害にさらされていることを知った。それは、誰よりもロマとシンティであり、少し後になって、ケルンテン州のスロヴェニア人が続いた。スロヴェニア人は、ついには大勢が家屋敷から追い出され、ドイツの収容所に送られた。

こうした人々と同じく、逸脱した性的嗜好を持つ人々や、承認されない宗教団体の信者、そして障害者たちも甚大な被害を被った。前二者は強制収容所に送られ、後者はいわゆる「安楽死」計画に沿って組織的に抹殺された。

大多数のオーストリア人は、当初、このテロを比較的平然と受け止めた。ナチが誰にも分かる景気上昇をもたらしたからである。オーバーエスタライヒやニーダーエスタライヒ、そしてシュタイアマルクでは新たに工場が造られ、それまで失業していた人々に職と収入を保障した。当該の者たちは、こうした工場がもっぱら新たな戦争準備に役立てられることを、おそらくはわざと無視していたが、それらは航空機や車両の工場、製鉄所・製鋼所、弾薬や戦車の工場だった。

実際、ドイツは一九三九年九月に、つまり「合邦」からわずか一年半後には戦争状態に入っていた。これもまた当初、大多数の住民からは、やむを得ないこととして受け入れられた。一九四一年半ばまで続く国防軍の勝ち戦によって、ナチが正しいように思われたからである。一九四一年には人種テロのネジもまた、もう一段締めつけられた。それまでゲットーまがいの、ユダヤ人だけの居住地域に囲い込まれていた人々は、テレージエンシュタットあるいはルージ［ウッジ］のような本来の収容所に送られた。その後、一九四二年初頭のヴァンゼー会議の結果、彼らの絶滅が開始された。これに対してもまた、大多数のオーストリア人の間に特段の抗議は起きなかった。

一九四二年以前にナチ独裁に抵抗する行動はあっても、実際には数少ないグループに限られていた。オーストロファシズムとの闘いで、共産主義者たちと共に先頭に立った革命的社会主義者たちは、ドイツ軍の侵攻後ただちに、活動を事実上停止する決定を行った。活動が危険極まりない、と判断されたからである。共産主義者たちは、ヒトラーとスターリンの協定（一九三九年八月）によって、再び少なからざる混迷に陥った。やっと彼らは、一九四一年六月のソ連に対する奇襲の後に、抵抗を全面的に復活させた。その間、抵抗活動はもっぱら、関与をためらわないキリスト者や勇気を持ったばらばらの個人に限られていた。

根本的な転換は、ドイツ軍が一九四三年初頭、スターリングラードの手前で壊滅的な敗北を喫して初めて訪れた。それから少し経って、西側連合軍がシチリア上陸に成功し、それがムッソリーニ体制の崩壊をもたらした。これによって初めて、米国の爆撃機がオーストリアにも足をのばすようになった。その後間もなく、オーストリアの民間人を標的にした空爆が日常茶飯事となって、ナチ体制への支持を急速に失わせた。連合国のモスクワ宣言［一九四三年一一月］は、ヒトラーの敵対者たちにさらに追い風となった。宣言は、オーストリアの主権国家としての再興を、戦争目的の一つに掲げた。ただし、オーストリアもまた自らの解放のために貢献しなければならない、と指摘した。

しかしながら、独裁に対する積極的な抵抗は、当初は限られていた。社会主義や共産主義を支持する労働者たちによるサボタージュが繰り返されて、闇に紛れて行われるビラ撒きやスローガンの落書きもなかったわけではない。だが、そうした活動が体制を揺るがすようなことはなかった。

それよりも効果的な活動を、ケルンテン州のスロヴェニア人たちが行った。一九四二年ないし四三年以降、自分たちのパルチザングループを組織し、武器を手にナチと闘った。戦闘でケルンテンの人々は、チトー元帥の率いるユーゴスラヴィアのパルチザン部隊とも共闘した。すぐに彼らは、初めての成果を挙げた。活動の最盛期には、もともと前線で不足するドイツ軍を多数釘づけにして、連合軍のドイツ進攻を容易にした。その後も戦争が続く中で、パルチザン活動をケルンテンからシュタイアマルクに、さらにはザルツブルクにも拡大することができた。これが唯一、［オーストリアを含む大］ドイツの領域で特筆すべき武装抵抗闘争となった。

遅くとも西側連合軍のノルマンディー上陸（一九四四年六月）とともに、ドイツ軍部もナチ指導部に対して不信を抱き始めた。西部戦線における敗北のわずか数週間後、ドイツ軍の将校たちが、暗殺によってヒトラーの排除、ナチ独裁の終了を試みた。だが「七月二〇日の男たち」は、あちらこちらで失敗を重ねた。ただ、ウィーンでのみ短期間、自分たちの体制を整えることができた。しかし、この行動の立役者たちも、すぐに地下に潜行しなければならなかった。ドイツの同志たちが、うまく事を運ぶことができなかったからである。

このように反逆が顕わになったことで、ナチの抑圧機構は一層狂暴になった。多くの著名な元政治家（元ウィーン市長、カール・ザイツや、元連邦参議院議長、テーオドール・ケルナーが含まれる）が逮捕されたり、強制収容所に入れられたりした。そうした収容所のうち、オーバーエスタライヒ州のマウトハウゼン収容所は、いよいよ絶滅収容所になっていった。反ファシズムのレジスタンスは、こうした事態に対応して自分たちのオーストリア大隊を組織し、［オーストリアの］赤白赤の旗を掲げ、ユーゴスラヴィア人民解放軍の一部隊として北方に向かって進軍した。実際、パルチザンは一九四五年五月、英軍と同時にケルンテン州のクラーゲンフルトに進駐することになる。

西側連合軍は一九四四年秋、オーストリアへの空爆を強化し、オーストリアの地に存在する軍需産業をほぼ破壊し尽くした。ただその際、約四万の民間人の命も失われた。また多くの戦線でオーストリア人の戦死が引き続き増加し、そのためにナチ独裁への支持はすっかり消えた。一九四五年初頭、ナチはあらゆる住民階層を標的とする激しいテロによって、なおも権力に留まることができたが、最悪の戦争犯罪のいくつかは、まさに終戦の直前に犯された。

オーストリアに投入された国防軍の間で、積極的に活動する軍人グループ――そのうち何人かは、すでに一九四四年七月に活発に活動していた――が形成され、彼らは、戦闘を行わずウィーンを赤軍［ソ連軍］に明け渡すことにより、それ以上の無駄な流血を回避しようとした。だが、この計画は狂信的なナチによって暴かれ、この抵抗グループの幾人かの指揮官は、ウィーンの北部で絞首刑に処せられた。その時すでに、ウィーン南部は赤軍により解放されていた。

軍事抵抗の活動と同時に独自の政治グループが形成され、「O5」［オーフュンフと読む］と名付けられた（アルファベットの五番目［フュンフ］はEで、OEは、オーストリア Österreich のÖ［OE］を指す）。このグループは、独裁終焉後にしかるべき地歩を占めることを考えた。ナチは一九四五年になおも、最後の一兵卒まで、というスローガンを掲げたが、オーストリアの体制は、ついに驚くべき速さで瓦解した。

国家としてのオーストリアがナチに占領されていた七年間に、ナチが「ユダヤ人」だと断定した六万五千人の命が、強制収容所や絶滅収容所などで失われた。さらに一万六千のオーストリア人

（その大多数は、いわゆる「ジプシー」、あるいは政治的被迫害者）が、同じように収容所で命を落とした。二千七〇〇人のオーストリア人がレジスタンス闘士として、ナチにより絞首刑に処せられた。さらに一万六千人がゲシュタポに拘束されたり、第三帝国の各種の獄につながれたりした。二五万のオーストリア人がドイツ軍人として斃れ、さらに一〇万人が行方不明者とされた。およそ四万人の民間人が、空襲ないしナチ・ドイツからの解放の過程で死亡した。独裁やテロ、戦争による当事者の心身への甚大な影響は、当然のことながら計り知れなかった。

5　オーストリア復活と第二共和国建設

一九四五年初め、赤軍が猛烈な勢いで昔のオーストリア国境に迫った。狂気のナチは、なおも徹底抗戦のスローガンを掲げたが、住民に、将来も長く体制を支持する気持ちなどないことが、すぐにはっきりした。三月二九日、赤軍部隊は、初めてブルゲンラント州のいくつかの村に入り、四月三日にはウィーン近郊のバーデンに達した。さらに四月六日、ウィーンの目と鼻の先に迫った。翌日、赤軍はウィーンを包囲したが、そこではバラバラのSS［ナチ親衛隊］部隊が、執拗に抵抗して降伏しようとしなかった。四月九日、ドイツ軍の兵士がドナウ川に架かるいくつもの橋を爆破した。赤軍による旧市街区 Innenstadt への進出を遅らせるためだった。しかし、赤軍を長く押しとどめることはできなかった。赤軍は四月一二日には街の中心に達し、翌日、最後の戦闘も終息した。ウィーンは、七年と一ヶ月後に再び自由になった。

まだ戦闘が終了しないうちに、いくつかの抵抗グループが、新生オーストリアの樹立を目指して揃った。そうした中で元首相、カール・レンナーが自ら取ったイニシャティヴが有名になった。彼は早くも四月四日、赤軍に自分を政治指導者候補として売り込み、スターリン宛に追従的な書簡［四月一五日付け］を送付した。その中で、未来は間違いなく社会主義にある、と自分が信じるところを披歴した。第二共和国の建国神話に属することとして、レンナーがこのように動き、自分を老いさらばえた人間に見せかけることで、スターリンをいわば瞞着しようとした、ということが挙げられる。上述の書簡でレンナーは、レーニンのほかに、スターリンの昔のライヴァルであるトロツキーにも言及し、それによって自分が容易に誘導できる人間であるという印象を喚起しようとした、とされる。この同じ伝承の一環として、スターリンの反応もまた引用される。「なに、あの古狸がまだ生きて居ったたりだと」。おそらく、これがオーストリア人の自画像にぴったりするが故に、いまだ熱心に言及される[11]。

ともかくも、事実は次のようである。四月一四日、倒壊をまぬがれたウィーン市役所の建物で、社会民主主義者たちが党の再建に立ち上がった。そこでは旧い党［社会民主党］の代表者たちは、ナチ・ファシズムに活発に抵抗した若い人々が、物事に対してははるかに革新的な視点を持っていることを配慮しなければならなかった。典型的なオーストリアの妥協の考え方に則って、党は、その後「オーストリア社会党——社会民主主義者たちと革命的社会主義者たち」と名付けられ、各種委員会は、双方のグループから選出された同数で構成された。初代ウィーン市長にはテーオドール・ケルナーが指名された。彼は旧い社会民主党出身だったが、彼の事に当たる真剣な態度の故に、革命的社会主義者たちからも高く評価されていた。

保守陣営の側でも、まったく新しい出発を必要とすることが明確に認識されていた。キリスト教社会運動は、オーストロファシズムのせいで完全に信を失っていた。そこでウィーンのショッテンシュティフト［ベネディクト派修道院］に旧キリスト教社会党に属した若干の者たちが集まって、「オーストリア国民党」という名の新党を立ち上げた［四月一七日］。共産党は、第一共和国では脇役に留まったが、ナチ・ファシズムへの抵抗運動の中で、ほぼ大衆運動に成長しており、四月二三日に再建された。党再建を前に、幾人かの指導的人物がモスクワ亡命から帰還し、その他、チトーのパルチザン部隊とともに自由オーストリアのために闘っていた者たちが、南部からウィーンに帰って来た。すでに四月一五日、社会民主主義者のヨハン・ベームと共産主義者のゴットリープ・フィアラ、キリスト教社会主義者のロイス・ヴァインベルガーが会談して、戦間期に存在した複数の労働組合グループに代えて、一個の強力な統一労働組合を結成し、そこにすべての政治潮流が代表者を送ることで合意していた。

その間にレンナーは、オーストリア駐留の赤軍司令部に支援されて組閣に邁進した。レンナーは国民党と共産党の代表者たちに、主権国家の地位を再び獲得する最善の前提が、自分たちの執行機関［政府］であることを巧みに納得させた。彼の内閣は、三つの反ファシズム政党が対等に送り出した代表者たちと、若干の無所属の人間たちから成っていて、一九四五年四月二七日にソ連から承認を受けた。一方、西側連合国は、この間に軍をフォーアアルルベルク、ティロール、ザルツブルク、オーバーエスタライヒに進めたが、当初［政権への］態度を表明しなかった。

レンナーは、できるだけ速やかに既成事実を作ろうとした。彼の政府は、オーストリアとドイツとの合邦を無効であると宣言して、オーストリアの独立再興を布告し、ナチの一切の団体を禁止した。しかし、新しい「連邦政府」の影響力は極めて限定的だった。一九四五年九月になって、やっとレンナー政府は西部諸州にも受け入れられ、それに基づいて西側連合国もまた、同政府を正統のオーストリア代表として承認した。

大戦はオーストリアの領土で終結を迎えたものの、一九四五年五月の状況は、これ以上ないだろうというほどにすさまじかった。ある客観的な、当時のウィーンの現状報告によれば、状況は次のようだった。建物のほぼ四つに一つが完全に破壊され、約一二万の住居が居住不能だった（それは第一共和国時代に建設された住居のほぼ二倍に当たる）。新生児の五人に一人は、生まれてすぐに亡くなった。三千七〇〇の変電所が破壊され、水道は大部分が断水だった。ガスの供給網はマヒしていた。つまり、ウィーンの市民たちには電気も水もガスもなかった。ウィーン交通局の二台に一台の車両は使えなかった。市電網は爆弾が数多く命中して運行不能だった。シュテファン寺院やオペラ座、ブルク劇場は完全に破壊され、国会議事堂は部分的に破壊されていた。同様にドナウ川とドナウ運河に架かる橋も、ほぼすべて破壊されていた。通りには遺体と動物の死骸が積み重なっていて、さまざまな伝染病の発生する恐れがあった。市のサービス事業は機能せず、病院は患者であふれかえって、どうしようもなかった。街にはとりわけ薬品や食料が不足していた。アルプス共和国の他の大きな町でも、状況は大して変わらなかった。

残骸を片付け、国の文字通りの再建に手が付けられる一方、いったいなぜ、このような大惨害に至ったのか、という真剣な議論も行われた。人々の間で幅広く一致を見たのは、資本主義がファシズムを招来したこと、したがって、過去の失敗を繰り返さないために、社会経済的な新生もまた必要とされたことだった。社会党では、とりわけ革命的社会主義者の代表者たちが共産党との共闘を訴えた。これはオットー・バウアーが一九三四年以降の亡命中に展開した「統合された社会主義」integraler Sozialismus に適うものだった。実際に共産主義者との話し合いがもたれたものの、双方とも極めてためらいがちで、進捗は見られなかった。

全般的な反資本主義の雰囲気には、国民党すら配慮せざるを得なかった。同党はその最初の綱領文書で、資本主義の権力・利潤志向に距離を置き、カトリックの社会教説にしたがって、全体の幸福のための共同経済組織を称揚し、その実現のため、基幹産業と金融部門の国有化とともに、経済生活の民主的管理を支持した。こうした態度によって国民党は、国を社会主義に変革しようとする、はっきりとした趨勢に歯止めを掛けることを期待した。その時、社会党の多数派もまた「ソ連化」を支持しないことは、国民党にとって好都合だった。とりわけ西側［ロンドン］への亡命から帰国したオスカル・ポラクは、一九四五年八月以降、再刊された『労働者新聞』（社会党中央機関紙）の主筆として倦まず弛まず、共和国を反ソと西側志向の宣伝で飾った。社会党の左派は急速に組織的な後ろ盾を失い、次の事態を認めねばならなかった。それは労働組合活動家たちとともに、諸州の選り抜きの代表者たちが［党に］引き寄せられことによって、党内の勢力均衡が崩れ、旧い社会民主主義者たちに有利に働いたことだった。

ところで、政治オブザーバーの間でほぼ一致していた見解は、一九四五年一一月に予定された「第二」共和国初めての国民議会選挙は接戦になるだろう、というものだった。それだけに一層驚きだったのは、実際の選挙結果で、国民党が議席の過半数［得票率は四九・八％］を獲得したことだった。社会党の得票率は四五％弱で、立派なものだったのに対し、三〇％まで行けるのではないかと事前に予測していた共産党は、五％の得票率と、たった四つの議席に甘んじなければならなかった。この投票結果は同時に、二つの労働者政党の統一に向けたあらゆる考慮が終わりを迎えたことを意味し、実際、選挙戦で中断されていた社会党と共産党の交渉は、選挙後に再開されることはなかった。

それに代わって、社会党はブルジョア政党との緊密な協力に熱を上げ、その後、実に二〇年にもわたって「大連立」を形成することになった。一方、共産党は一九四七年に、他の西側諸国（たとえば仏・伊）と同様に内閣からも排除された。それに社会党は、国民党が選挙に勝利したことを踏まえ、同党に首相職を譲った。他方、カール・レンナーは、その見返りに名誉職とも言える大統領職を委嘱されて受け入れた。これによって事実上、すでにこの時点でオーストリアの西側指向は基本的に確定した。もっともそれは、国の東部が依然ソ連の占領下に置かれていたにもかかわらずのことだった。

この分割占領が行われたのは、連合国四ヶ国がすでに一九四五年七月、ドイツとまったく同じように、オーストリアも四つの管轄区域に分割することに合意していたからである。ティロールとフォーアアルルベルクは仏軍が管理し、ザルツブルクと、ドナウ川までのオーバーエスタライヒは米軍が、ケルンテンとシュタイアマルクは英軍が管理し、オーバーエスタライヒ東部とニーダーエスタライヒ、そして州として再建されたブルゲンラント州（ナチ占領中、ニーダーエスタライヒとシュタイアマルクに分割されていた）はソ連の管轄区域となった。ウィーンでも同様の分割措置が取られたが、旧市街区 Innenstadt だけは、いわば国際ゾーンと見なされて、管轄権が月次で交代した。

各占領区域の境界線を越えるには、特別に発行された身分証明書が必要だった。それは四ヶ国語（独・英・仏・露）で作成され、全占領軍による注意書きが添えられていた。西側連合国の管轄区域間では比較的早く、簡素とも言える方式ができ上がったが、一九五四年に至るまでソ連管轄区域を訪れるのは、まるで他国に入国するようなもので、それに匹敵する厳重な検問が行われた。

国内の社会状況は相変わらず、やっかいなままだった。政府は市民への食糧配給を、段階を追って一人・一日当たり一千キロカロリー未満の水準に引き下げねばならなかった。交通機関は燃料不足のため、たびたび動かず、工場では原料不足により操業を停止しなければならなかった。ただ連合国のほかに、いくつか中立国による支援だけ（後者には、たとえばスウェーデンによる食糧援助があり、これは、当時同地に亡命していたブルーノ・クライスキーが組織した）が、一九四五年から四六年の変わり目でオーストリアという国の完全な崩壊を防いだ。

政府は不振を極める経済を、さまざまな創意で振興しようとしたが、そのために通貨価値の切り下げにも訴えた。預金残高の「占領中のドイツ」マルクからシリングへの切り替えは、比較的少額に制限され、とりわけ勤労者と無産の者が大きな損失を引き受けねばならなかった。さらに全般的な窮乏が拍車をかけた。消費財の価格が、気が遠くなるほど高騰する一方、賃金は、従来とほぼ同じ水準に留まったからである。生計費は止まることなく上昇し、すぐに人々の間に大きな不満が広がった。社会党左派は、ブルジョア層に対する自党指導部の、あまりに融和的な態度を厳しく批判して、一九四七年の党大会に批判動議を提出した。これは、社会党の政府閣僚をひどく困惑させた。それには、とりわけ次の理由もあった。一九四七年、政府は生活必需品の管理統制を徐々に緩め、市場の自由な価格形成に委ねたからである。これによって生活必需品が、多くの人々の手に届きにくくなった。たとえば食料品価格は八〇％を超える値上がりをしたのに対し、賃金引き上げは平均して、やっと二〇％に留まった。こうした展開に対処するために、特別の賃金・物価協定を締結し、給与と支出の乖離に歯止めを掛けようとしたが、成果は当初だけに留まった。

外交面では、政府はいくつかの思い込みに囚われていた。その一つは、サン・ジェルマン条約を修正して南ティロールを取り戻し得る、という考えだった。その根拠は、同地にドイツ語を使う住民が居住することだった。だが同時に政府は、ケルンテンのスロヴェニア人居住地域を割譲すべし、というユーゴスラヴィアの要求を、にべもなく撥ねつけた。また首相フィーグルと外相グルーバーは、オーストリアがナチの最初の犠牲者なのだから、国がすぐにも完全な主権を備えて、国際社会への復帰が認められるべきである、と倦むことなく訴えた。人々は、国家条約のできるだけ速やかな締結を強く求めた。だが、東西の境界が閉ざされるにつれ、早期締結が実現しない見通しは、遅くとも一九四七年にははっきりした。

当初政府は、元ナチに対し厳しく臨むことが自分たちに期待されている、という前提から出発していた。実際、一九四五年にはまだ、ナチ党あるいは下部組織の一つにでも所属した者は皆、登録しなければならなかった。加えて、政府は自前の人民法廷を導入し、ナチ禁止法と戦争犯罪人法に基づいて、同法廷を、名を知られたナチス党員を裁く機関とした。その後、一九五五年の連合軍撤退までに一三万六千八二九件の訴えが提起され、一万三千六〇七件について判決が下された。判決は（公共団体の）職場の喪失から引退の強制、禁固刑に及んだ。三四一件の審理で重い拘禁が課され、そのうち二六九人の被告には一〇年から二〇年の禁固、二九人の被告に終身刑、四三人に死刑判決が下された。そのうち三〇人が、その後実際に絞首刑に処せられた。

ただ、ナチ犯罪追及の熱意は急速に冷めて行った。まだ一九四五年には、元ナチ党員の全員が選挙権を剥奪されていたが、少し経ってまずは、いわゆる「軽度の犯罪者」が特赦され、一九四八年にはついに、その他すべての者も、確定判決を受けていない限り特赦された。しかし、右派グループの間では、真の愛国者たちが「戦勝国裁判」の犠牲になった、と実しやかに語られた。国民党と社会党が、たいして時間も経たないうちに、かなりあからさまに元ナチ陣営の票を求め始めたことによっても、元ナチは自分たちの立場が認められたと感じたに違いない。その上、社会党の内務大臣ヘルマーは結局、元ナチ党員たちの独自の政党を認可するところまで事を進めた。彼らの立候補によって、国民党が弱体化することを期待したからである。「独立者の選挙党」WdUは、ついに戦後二回目［一九四九年］の国民議会選挙に参加することを許され、その初の試みで一六議席を獲得した。同党は、二大政党それぞれから八議席を奪った。事はヘルマーの思惑通りに運ばなかった。

一九四九年の選挙は、社会党にとって総じて失望に終わった。［先述の八議席喪失に加え］さらに一議席を共産党に奪われたからである。その議席は、よりにもよって元社会党書記長、エルヴィン・シャルフが獲得した。彼は一九四八年の社会党左右両派の論争過程で党を除名されていた。シャルフは当初、自前の党を樹立したが、同党と共産党とのブロック形成に踏み切っていた。そこで共産党は一九四九年には、一九四五年に比べて余分の一議席を易々と獲得した。

二大政党はそれぞれ約六%を失って、比較的早く、大連立を継続することで一致を見た。一九四九年には、ひどい物資不足は解消され、復興は軌道に乗ったものの、社会状況は依然として満足するには程遠かった。そこで政府は、賃金・物価協定を引き続き締結することを決意した。国民の購買力が低下し続け、物価は継続的に上昇したからである。この展開の極みは、その間に四回目となった賃金・物価協定（一九五〇年九月）であり、これによって小麦粉は六四%、砂糖は三四%、パンは二六%値上げされた。だが、今回の政府の措置は行き過ぎていた。リンツでは「物価押し上げ協定」に抗議するストライキが自然発生し、オーバーエスタライヒ州の広い地域に広がった。合同オーストリア製鉄製鋼VÖESTやリンツ化学、窒素工業といった重要企業でストライキが打たれ、交通機関の従業員が職場を放棄した。デモ行進が州議会の建物まで行われ、州議会議員たちから、協定への賛成を撤回する、という言質が取られた。労働組合と労働者会議所が協定に賛成していたので、怒った労働者たちは、オーバーエスタライヒ州労働者会議所前に集まって、会議所会頭を窓から突き落とすぞ、と脅した。

数日後、ウィーンの機関車製造工場で全オーストリア経営協議会大会が開催され、闘争の拡大が決議された。具体的には、政府が協定を撤回するまでストライキを続行すること、とされた。しかし政府は、労働者のストライキを、共産党による反乱の企てだと貶めて、ソ連がオーストリアを不安定化させ、一年前に形成されたＤＤＲ［旧東ドイツ］に倣って国を二分しようとするものだ、と主張した。これに呼応した労働組合の右派が建設・木材労働組合を軸に結集し、機動集団を形成してストライキ参加者たちを攻撃したため、本格的な街頭闘争に発展した。この建設・木材労働組合の委員長、オーラは、ストライキ運動の挫折後、「オーストリアを共産主義から救済した者」と称えられ、その後引き続き一五年ほど、オーストリア内政で重きをなした。しかし、この経済闘争で労働者たちが敗北を喫したことは同時に、オーストリアにおける労働者の戦闘的な運動が終焉を迎えたことを意味し、共産党の存在意義が一段と失われたことに大きく与った。労働組合同盟は社会パートナーシップ構想を展開し、将来、社会的対立は「緑のテーブル」でのみ論議すべきものとされた。実際にこれ以降、オーストリアは、ストライキが次第に馴染みのない語になった国だった。

一〇月ストライキの数週間後、連邦大統領、カール・レンナーが死亡した。政府は初めて、連邦憲法に則って国民投票で元首を選出する決定を下した。国民党がオーバーエスタライヒ州首相のハインリヒ・グライスナーを候補者に立てたのに対し、社会党は人気のあるウィーン市長のテーオドール・ケルナーを候補者に指名した。共産党は連邦参議院議員のゴットリープ・フィアラを立てた。オーストリア労働組合同盟副議長だった彼は、一〇月事件後、社会党の多数派により同盟から除名されていた。ＷｄＵでは、さっぱり名前の売れていない医師が立候補した。概して、グライスナーが選挙戦を有利に戦うだろう、と見られていた。一方、社会党は、ケルナーが自党の敗北をまずまずの範囲に収めることを期待した。実際、元帝国陸軍参謀長[12]［ケルナー］が第一回投票において、約三万票の差でグライスナーに付け、決選投票では、比較的はっきりとした差でグライスナーに勝利した。ケルナーは、スウェーデン亡命から帰国したばかりのブルーノ・クライスキーを政治顧問として大統領府に招聘し、これによって、クライスキーには将来の首相への道が開かれた。

評論家たちは、この時点ではまだ、オーストリア国民が選好するのは政治のバランスを取ることだ、という想定に立っていた。そして、一九五三年に行われた第二共和国三回目の議会選挙は［国民党から］社会党への重心移動を確認することになった。社会党はこの選挙で一九三〇年以来、再び得票最多の党になった。フィーグルにとっては、この選挙結果は自分の首相職の終わりを意味した。ユーリウス・ラープが彼に代わり、ラープはＷｄＵと連立を形成しようとした。だが、ケルナーの決然とした抵抗に遭遇して実現しなかった。大統領は「黒・青」連立政府の認証を断固拒否した。結局のところ「大連立」が継続され、フィーグルは外務大臣となって、クライスキーがその次官に就任した。

この選挙は、地政学的に見て非常に注目すべき時点で行われた。というのは、投票のわずか数日後にヨシフ・スターリンが亡くなり、ソ連ではソ連共産党内の融和派が優勢となった。新書記長［共産党中央委員会第一書記］、ニキータ・フルシチョフは緊張緩和と平和共存の時代を唱えた。まさにこれを、オーストリア人は自らの目的のために利用しようとした。実際、長く行き詰っていた国家条約の交渉――オーストリアに完全主権を回復するための交渉――が、八年の停滞の後にやっと再び動き出した。

［大統領］ケルナーとクライスキーは、あらゆる当事者に満足をもたらす解決策の鍵を、大統領がすでに一九五一年にアイゼンシュタットで行った演説の中に見出していた。二人はオーストリア

の将来が、東西の間《はざま》の中立国にある、と規定した。クライスキーは、後にこの考えを精緻化し、スイスを範とするオーストリアの中立を描いた。これは、すべての連合国が折り合えるモデルだった。実際に一九五五年四月、高官から成るオーストリア代表団がモスクワに招待され、オーストリア国家条約のもろもろの基礎が確定された。それから一ヶ月後、ついに条約が戦勝四ヶ国の外相とフィーグル外相によって、ウィーンのベルヴェデーレ宮殿で調印された。さらに数ヶ月のうちに、四ヶ国は自軍をオーストリアから撤収し、オーストリアは一七年余りを経て、再び完全な主権国家となった。

こうした事情を背景にして、オーストリア独自の軍隊創設が政府に可能となった。これに反対した社会党左派の残存部分は、一九三四年の［軍隊が参加した内乱］経験に鑑みて抗議を行った。しかし、またしても党指導部は、批判者たちに対し強硬な対応を行った。一人の議員が除名され、多数の青年活動家たちに活動停止が言い渡された。ほどなくして、オーストリア連邦軍の最初の部隊が、ウィーンのリングを行進した。

一九五五年一〇月二六日、国民議会がオーストリアの「永世中立」を決議した。けれども、国が実際には西側に属することは、直ちに明瞭だった。この事実は一年後、誰の目にも明らかになった。オーストリアの東の隣国から、政治危機［ハンガリー動乱］の過程で何千ものハンガリー人が、警戒の緩い国境を越えて逃亡し、オーストリア人たちに非常に好意的に受け入れられた時のことである。

この手厚いもてなしができた理由は、何と言っても、オーストリア経済が何年にもわたる窮乏を経験した後に、目覚ましい躍進を遂げたことだった。戦後に国有化された産業は、注目に値する成果を挙げた。オーストリアの鉄鋼部門は、一九四九年に発明された「ＬＤ法」によって世界的に重要なブランドになった（［ＬＤ法＝純酸素転炉法の］命名は、リンツ Linz とドナヴィッツ Donawitz の立地に因む）。国内インフラへの多額投資は、たとえばカプルンの貯水式発電所建設や、ウィーン・ザルツブルク間の西部アウトーバーン建設のように、高い失業率が何年も続いた後、突如、完全雇用達成をもたらした。ウィーンでもまた、経済の飛躍的成長が見られた。一九五五年までに街の再建が事実上完了し、市当局は、新たな住宅建設と交通インフラの全面的更新に取り組むことができた。これはとりわけフランツ・ヨーナス（テーオドール・ケルナー市長の後任）の名と結びついている。彼はパネル工法（当時最新の工法）による多くの高層建築を奨励し、今なお彼の名と結びついた交通要衝の解決策（「ヨーナス・ラインドル」[13]や「ヨーナス・グロッテ」[14]）を提案した。一九六四年に開催された「ウィーン国際園芸見本市」は、ウィーンが戦争直後の荒涼とした街から、モダンな活気ある首府に変わる発展の締めくくりとなった。この発展はまた、とりわけ国際的に大きな注目を集めた会見、すなわち、一九六一年に行われた米国大統領、ケネディとソ連の党・政府トップであるフルシチョフとの会見が物語っていた。

ラープ首相は、自分の人気が国家条約締結後に高いことを利用して、前倒しした新たな選挙［一九五六年］で、議席の十分な上積みを確保しようとしたが、大連立を継続せざるを得なかった。というのは、自党に過半数を確保できなかったため、それ以外に手立てがなかったからである。だが、ラープは相変わらず、ブルジョア政党同士の連立を擁護する者であり、そこでテーオドール・

ケルナーの没後、（一九五六年にＷｄＵから生まれた）自由党と共同の候補者を立てて、「保守のオーストリア」schwarze Reichshälfte のために大統領職を獲得しようとした。しかし皆が驚いたことに、社会党の候補者［アードルフ・シェルフ］は、二つのブルジョア政党に対抗して当選を果たした［一九五七年］。二年後に社会党は［国民議会選挙において］再び得票で国民党を上回ったものの、当時有効な選挙法のために［政権獲得に］挫折した。というのは、選挙法に則って議席が一つ余分に、社会党にではなく国民党に配分されたからである。だが国民党党首にとって、この［得票面での］敗北は、六年前［のフィーグル］と同じように（ゆっくりとした）政治的退出を意味した。ラープは一九六〇年に党首の地位を、一九六一年には首相職を、シュタイアマルク出身のアルフォンス・ゴルバハに譲らねばならなかった。一九六三年、ラープは政治舞台への復帰を目指して自ら大統領選に打って出たが、自分の長年にわたる副首相だった［二期目を目指す］アードルフ・シェルフを相手に手ひどい敗北を喫した。

一九五九年の国民議会選挙はまた、共産党の最終的な挫折を意味した。党は［戦後の］まったく初めから、自らの予想をはるかに下回る結果しか得られなかったが、戦後一四年で、もはや国民議会に一議席も保持することができなかった。事実共産党は、非常に活発に活動する身内の枠を超えて有権者に語りかけることが一度としてできなかった。オーストリア東部からのソ連の撤退はまた、ソ連が管理していたＵＳＩＡ企業（戦争直後、ソ連は、かつてのドイツ資産だけでなく、一九三八年［の併合］以降にオーストリアで設立された企業を自己の管理下に移していた）の終焉を意味し、それは共産党にとって政治的支援をさらに失うことを意味した。加えて一九五六年のソ連共産党二〇回党大会の出来事［スターリン批判］と、同年のハンガリー動乱とは、共産党に動揺を与え、多くの党員の離党を招いた。党はやがて、党勢がいくつかの州議会に残るだけの矮小なグループにまで縮小したことを認めざるを得なかった。共産党は一九六五年、シュタイアマルク出身の若い活動家、フランツ・ムーリに率いられ、再出発を試みた。だが、一九六六年の国民議会選挙には自党の候補者を立てることすらままならず、代わりに、投票先を社会党にするよう勧める始末だった。そのことが再び多くの支持者の不興を買った。二年後に起きた「プラハの春」が弾圧されて、党はついに深刻な危機に陥り、それ以来、政治的な存在意義が大きく損なわれた。

六〇年代前半には、戦後（戦争直後）世代の政治家たちの退場が見られた。すなわち、一九六四年〜六五年にラープ、フィーグル、シェルフが亡くなり、事実上、一九四五年の重要な立役者が皆退場した。新しい政治家たちには妥協の意欲がはるかに乏しく、連立運営において従来よりも頻繁に、しかも一層大きな軋みが生じた。一九六四年一一月、国民党は一隻の船の名前を「カール・レンナー号」とすることを阻止し、社会党は社会党で、帝位請求者、オットー・ハープスブルクのオーストリア入国に強く反対した。［遡って一九六二年に］議会任期が再び前倒しで終了した。［選挙後、国民党と社会党の］新政府樹立交渉は何ヶ月も続いた。一九六三年の第二次ゴルバハ内閣の内相にはフランツ・オーラが就任した。彼は一三年前、建築・木材労働組合委員長であり、国の救済者として名を馳せていた。しかしオーラは、大臣職に満足するつもりはさらさらなかった。彼が首相官邸を目指していたことは明々白々だった。そのために彼は、一九五九年から就いていたオーストリア労働組合同盟議長の地位を利用して、組合資金を所管の委員会が知らないうちに、新しい日刊紙（『クローネン・ツァイトゥング』）の創刊につぎ込むとともに、自由党と秘密裏に交渉を行った。それは、自分が首班となって、赤・青［社会党・自由党］連立政府を樹立しようとすることを意味した。彼の活動が明るみに出ると、社会党は断固とした処置に訴えた。まずオーラを内閣から降ろし、次に党から除名した。オーラはこれに反発して自前の党を立ち上げた。同党が一九六六年に国民議会に議席を持つことは叶わなかったが、社会党から多くの票をさらい、その結果、国民党は一九四五年以来、再び議席の過半数を獲得することができた。すでに一九六四年、首相としてゴルバハを引き継いでいたヨーゼフ・クラウスは、早速この機会を利用して共和国史上初の単独内閣を組織した。社会党は野党席に身を置かざるを得ず、オーラにとってもまた一連の出来事は悪夢の結末を迎えた。彼は法廷に立たされ、策謀の全貌が白日の下にさらされた。オーラはすでに五〇年代に米国のＣＩＡと密接な関係を持ち、自分の私兵団を保持していた。それは定期的にオーストリアの森林地帯で訓練を受けた。米国の金で自分たちの車両群を保持し、多くの武器庫、さらには最新の傍受施設を建設していた。口実として持ち出されたのがソ連による万が一の試みで、同国がオーストリアを自国の影響下に置こうとする試みを、オーラの私兵団が先述の道具を使って阻止することとされた。オーラは内相在任中、自分の政敵たちの個人データを収集させるとともに、公然と彼らに威嚇の言葉を浴びせ、あまつさえ、あからさまな反ユダヤ主義の態度を取った。彼は労働組合資金を目的外に使用して羽目を外し、ついには一年の禁固刑の判決を受けた。

国民党だけから成る新政府の運の悪いことが初めから明らかになった。政府は国家財政の赤字を増税で抑制しようとしたが、国民はこれを重圧と受け止めた。その気持ちは無理もなかった。一九六八年一月、クラウスは大幅な内閣改造によって空気抜きを行おうとした。だが、新たな顔ぶれが政治的な創意の欠如を糊塗することはできなかった。政府はすっかり途方に暮れ、さらに、いくつもの政治スキャンダルがイメージ悪化に拍車をかけた。そのため、ＥＣ（ＥＵの前身）への経済的接近というイニシャティヴや、クラウスが推進した政治・科学対話などは色あせて見えた。

政治の流れは明らかに社会党に向かっており、同党はたとえば一九六七年のオーバーエスタライヒ州議会選挙で、初めて得票最多の党になった。その他の選挙でも国民党の人気喪失は続いた。不器用でくそ真面目と受け止められたクラウスは、政治舞台の新星、社会党党首のブルーノ・クライスキーによって急速に舞台裏に追いやられた。

6　クライスキー時代

一九六六年の選挙敗北後、社会党は後の時代と異なって、呆然自失の状態に長くは留まらなかった。元外務大臣、ブルーノ・クライスキーの下で、比較的速やかに一致団結して新しいスタートを切った。クライスキーはこの時すでに、国境をはるかに越えて名を知られ、高く評価されていた。クライスキーは早速、党が再び攻勢に転ずる路線を採用した。彼自身、亡命の間にスカンディナヴィアの福祉国家構想を身近に学ぶことができて、この時、このモデルをオーストリアにも移植しようとした。彼は一九六七年に、社会変動へ向かおうとする、当時はっきりと認識できた動向を引き合いに出して、状況を次のように要約した。「どうしてヨーロッパでこの左旋回が起きているかと言えば、我々が今日直面する大きな問題について、保守政党は無力である、と人々が直感しているからであります。保守政党は、こうした大問題の解決策と、自分たちの政治目的との間で折り合いをつけることができません」。そこで、クライスキーはさっそく、どうしたら社会のあらゆる領域で社会・経済改革を実施することができるか、という問いを幅広く論議する期間を設けた。彼は非常に多彩な何百人という専門家たちを、テーマに沿った対話に招いた。議論が終わってみると、オーストリア史上、おそらくもっとも膨大な選挙公約ができ上がっていた。一七〇ページにわたる公約の序言で、クライスキーは自信のほどを示した。［曰く］列挙された政策を実現することによって、オーストリアをより社会的にし、より公正に、より民主的にすることができる。社会党が先頭に立ち、オーストリアを先進工業国に転換することができる。そこでは、すべての市民の生活水準が平等に向上し、幸福度が増大するだろう、と。社会党は自分たちの構想を、自党の出版物によって提示し、国民が自党の住宅、経済、交通、保健、文化の構想を知悉してくれるようにした。クライスキー自身、倦むことなく全国を回り、彼の親しい政治上の友人であるヴィリ・ブラントが大きな成功を収めた方法を踏襲した。クライスキーは企業、学校、病院を訪れ、飲食店に腰を下ろし、それどころか、多種多様な住宅地の「戸別訪問」に赴いた。自分が社会の転換をどのように考えているか、人々に忍耐強く説明を行った。その際彼は、概して労働運動になじみがないと思われた国民階層と触れ合うことにも不安を覚えなかった。進歩的な考えを持つ市民層だけでなく、積極的な参加意識を持つカトリックや小農たちにも呼び掛けた。「ほんの僅かの道のり」を社会党と共に歩まないか、と。一九六八年と六九年の市町村議会や州議会の選挙結果は、クライスキーのやり方が間違っていないことを印象的に裏付けた。

彼にとっておあつらえ向きだったのは、とりわけ若年層が徹底した変革を切望していた状況だった。オーストリアの一九六八年は、フランスや西ドイツなどのように大きな影響を及ぼしたわけではなかったが、この国でもまた、誰の目にも明らかだったのは、クラウスの国民党政権が時代遅れで野暮ったく、もはやまったく魅力のないことだった。クライスキーは若者の話題を巧みに取り上げ、高等教育の無償化や基本兵役期間の大幅な縮小を公約に掲げた。兵役は相変わらず、まったく人気がなかった。ところで、社会党党首はすでに野党時代に、メディアを使ったコミュニケーション巧者として誰よりもその名を馳せていた。クライスキーの持つ報道関係者との親しい関係は、近づきがたい印象を与えた競争者［クラウス］と比べて、もう一つの強みを作り出した。クラウスは一九七〇年の選挙で、初めから守勢に立たされていることを知った。彼が選挙戦たけなわの頃、対立候補に反ユダヤ主義の決まり文句を思わず浴びせてしまい、自爆したことは明らかだった。一九七〇年三月一日、社会党は国民党より二〇万票ほど多くの票を獲得したが、過半数に二議席及ばなかった。クラウスはこの選挙結果に大きなショックを受け、すぐに辞任して政界からも完全に身を引いた。

政治評論家たちが、クライスキーは、ただ単に逆転した［社会党］主導の下で大連立を始めるだけかどうか、あれこれ考えているうちに、そのクライスキーが卓越した戦略家であることがはっきりした。彼は自由党による社会党少数内閣の容認を取り付けた。自由党はこの容認を、選挙法改正と引き換えに確約した。改正はもちろん、社会党自身のためにもなることだった。大統領、ヨーナス［前ウィーン市長］にとって、一九七〇年四月二一日に社会党単独内閣を認証したことは、彼が四年前に同じことを国民党内閣に対して行っていただけに、いっそう容易なことだった。こうしてオーストリアで政権交代が行われ、政策内容の面でも一つの転機となった。

ただ、第一次クライスキー内閣には、些細とは言えない欠陥が伴っていた。それは閣僚のうち四人が元ナチ党のメンバーだったことである。この任用は、クライスキー自身が家族の多くをホロコーストで失くしていたので、ますます理解しがたいことだった。多くの者たちは、この措置が自由党に対する譲歩である、と考えた。同党の陣営には、同様にナチの過去を持つ多くの活動家がいたからである。別のことを思い起こした者たちもいた。クライスキーがオーストロファシズムの独裁時代に政治的に迫害され、あちらこちらの刑務所でナチと同房だったことである。クライスキー自身、簡潔に語った。自分は、どんな人間も経験に学んで、さらに賢くなることを認める、と。そして、自分の閣僚たちが誠実な民主主義者に変わったことを保証した。言うまでもなく、このテーマそのものは火種をはらんだままであり、五年後、ペーター＝ヴィーゼンタール事件[15]で激しく燃え上がった。

一九七〇年四月二七日の共和国再興二五周年に当たり、クライスキーは政府声明を発表し、その中で、オーストリアの事態が尋常でないことを指摘した。［曰く］政府が自己の企図のため、毎回、議会で必要な多数派を探し求めねばならず、それによって議会に非常に大きな責任が課せられる、と。そこでクライスキー政権は、できるだけ早く実績を挙げるため、すぐにいくつもの改革計画に着手した。法務大臣ブローダの下で親族法改訂作業が進められた。とりわけ婚外子の法的地位を改善し、また、夫の家長としての役割を廃止した。後者の措置によって、たとえば、夫は自分の妻が外で働くことを禁じることがもはやできなくなった。さらに改革によって、高等学校の授業料が廃止され、また通学は、公共交通機関の生徒一般無料乗車制度によって容易になった。教科書無償化により教育費用がさらに引き下げられ、当然のことながら、この措置は低所得者に恩恵をもたらした。兵役は六ヶ月に短縮された。一九七〇年一一月、社会党と自由党は選挙法改正を決議し、これによって、配分される議席総数が一八三（従来は一六五）に増加した。

クライスキーの改革テンポは、国民党をますますいらだたせ、その非難の矛先はとりわけ、社会党による多数派形成を可能とした自由党に向けられた。これに対し、クライスキーは当然の対応をして、一九七一年七月、新たな選挙を前倒しで行う議決を議会から取り付けた。この選挙は、政治の方向転換を承認すべきものだった。そこで、社会党が新たな選挙戦に臨むスローガンもまた首尾一貫したものだった。曰く「クライスキーと彼のチームに働かせよう」。

番狂わせは何も起こらず、社会党は選挙［一九七一年一〇月］で勝者となった。党は投票の五〇・〇四％を獲得して、一八三議席のうち九三議席を得たことにより、選挙後の連立を見越して行っていた事前工作もまた、すべて不用になった。第二次クライスキー単独政権は、必要十分な議席を手に入れ、引き続き政治目標を着実に実行に移すことができた。

まだ一九七一年のうちに婚姻助成金が導入され、政府は若い家族に、自分たちの生活を築く出発資金を供与した。一九七二年初め、高等教育の学費がなくなり、今や無料となった大学教育は、とりわけ労働者層の子弟に恩恵となった。この措置と同時に、［高等学校以下の］学校の立地、高等教育機関の立地の大幅な多様化が図られ、若者たちは、できるだけ費用をかけずに十分な教育を受けることが可能になった。

一九七二年春、社会党は二つのテーマに取り組み、それらは新教育政策論争を上廻る激しさで議論された。つまり、犯罪とされない妊娠中絶の可能性と、国家条約が義務付けた、国内少数民族の権利実現である。ことにケルンテン州のスロヴェニア人はナチ時代、非常に苛酷な迫害を受けていた。彼らはまたパルチザン闘争によって、一九四三年のモスクワ宣言がオーストリアに要求した、自国解放のための自らの貢献を行っていた。そこで彼らには、国家条約第七条で幅広い諸権利が認められていたが、それらは、一九七二年になっても実現されないままだった。この点に関連して、誰の目にもはっきりしていた欠陥は、言語の混淆する自治体で町村名を二つの言語で記した表示板がないことだった。クライスキーは、まさにここから手を付けようとした。地域の名を記した、いくつかの新しい表示板を立てるほうが、たとえば、学校で行われていなかったスロヴェニア語による授業を導入したり、スロヴェニア語を役所や法廷の公用語として許可したりするよりも容易だと思われた。

一九七二年九月二〇日、二言語表示板の設置が開始されたが、すぐにケルンテン州のドイツ系住民の強い怒りを招いた。さらに極右が挺身隊を組織し、これが新たな表示板を無理やりに撤去した。ケルンテン州の警察は、この「町村表示板攻撃」に適切に対処しなかった。クライスキーはケルンテンの州都に飛び、少数派に対する寛容を訴えようとした。だが、怒った群衆が予定された集会の場所で待ち構えていて、クライスキーにトマトや卵を投げつけた。クライスキーは文字通り逃走しなければならず、その後ドイツ系住民に譲歩した。彼は二言語町村名表示板の再設置をあきらめ、代わりに委員会を立ち上げて、これが代替策を協議することになった。何年にもわたる委員会の検討の成果は、民族グループ特別法（一九七六年）だった。だが、それは少数派スロヴェニア人の願望に叶うものではなかった。それにもかかわらず、右派グループからは行き過ぎの声が挙がった。国家条約の規定にしたがって新法で定められたことは、二五％以上の住民が、自分はスロヴェニア民族に帰属する、と明言する場所でのみ、二言語町村名表示板を設置すること、そのために政府は「特別の人口調査」を実施すること、同調査は、どの町村がこの割合に達するかを確認すること、だった。少数派スロヴェニア人はこの措置を拒否し、人口調査をボイコットした。これに呼応して、スロヴェニア人に同調するグループは連帯を表明し、ケルンテン州以外でも、自分がスロヴェニア人であると告知するよう呼び掛けた。その結果、おかしな状況が生まれた。公表されたデータによれば、ウィーンでは、その他すべての言語混淆地域を上回るスロヴェニア人が暮らしていることになった。また法が規定する民族グループ諮問委員会の場において、少数派は政府に勧告と要望を伝達できる、とされたが、スロヴェニア人は抗議して委員会に代表を派遣しなかった。クライスキーは自分の努力が生んだ、このうれしくもない結果を甘受して、初めて政治的敗北を認めた。

［妊娠中絶問題の］「期限付き解決」案をめぐって、クライスキーは［少数民族問題より］多くの幸運に恵まれ、また、より毅然とした態度を保つことになる。法案は一九七三年一一月に可決された。この時までオーストリアでは、この分野でアイルランドに次いでもっとも厳格な法的規制が有効だった。同規定は帝政時代に遡り、基本的にカトリック教会の党であった国民党によって、改定はまったくなされなかった。［刑法］一四四条は、いかなる理由があろうとも、どんな妊娠中絶も犯罪と見なしたが、［社会党の前身の］社会民主党は結党当初から、その廃止のために闘ってきた。

同条が実際に意味したことは、富裕な女性たちが外国に逃れ、優雅に「体調不良」から解放されたのに、プロレタリアの女性たちが、いわゆる「闇の産婆」に身を任せざるを得ず、しかも、あまりにしばしば、妊娠三ヶ月以上の胎児死亡だけで済まなかったことである。社会党が党内論議を経て一致したのは、妊娠三ヶ月までの中絶は、一定の条件（たとえば心理カウンセリングの義務付け）の下で無罪とすることだった。クライスキー自身は初め、この解決策に十分な自信が持てなかった。彼はカトリック教会との和解という自分の方針を、危険に晒すのではないかと考えた。他方、従来から極めてはっきりとしていたのは、現行の罰則規定があるからといって、あるいは、たとえもっと大きな危険をはらむ制約条件の下でも、苦境に立つ女性たちが中絶を思いとどまることはない、ということだった。このことが印象的に証したのは、刑罰が人間の心的葛藤を解決する手段として適切ではない、ということだった。

予想通り、保守勢力は新たな規定に激しい抵抗を行った。付帯する数多くの措置、たとえば結婚・家族助成金や母親の産前・産後休暇、小さな子供を持つ両親の育児休暇によっても懐柔されなかった。彼らは新法阻止のため、あらゆる可能性を活用した。新法は、国民議会で社会党が再可決し、それによって州代表からなる第二院の拒否権行使を覆したことにより初めて成立した。少数民族問題と異なって、社会党政権は毅然たる態度を示し、最終的に意志を貫徹した。

クライスキーは、こうした改革だけに留まらなかった。一九七二年、週の労働時間が、選挙戦の最中に打ち出された公約にしたがって四二時間に削減され、一九七四年には計画通り、さらに四〇時間に切り下げられた。その際、一般に休日の土曜日も（さまざまな特殊部門を除いて）同時に導入された。一九七二・七三年の学期に初めて全国的に導入された教科書無償配布によって、全生徒が無料で必要な学習教材を受け取った。そして新たな学校授業に関する法が、カリキュラムを刷新し、古色蒼然たる詰込み教育を、小人数の課題チームによる生き生きとした学習教育に置き換えた。だが社会党は、六歳から一四歳までの全員を集める総合学校 Gesamtschule 導入の試みでは挫折した。そのような決議には憲法上の多数、つまり議会の三分の二の多数を要したからである。政府は一九七四年に導入した非軍事役務 Zivildienst によって、良心的理由から武器を手にする役務を拒否する青年全員に、連邦軍の兵役に代わる代替策を保証した。この措置は、すぐさま成年男子の間で非常に高い人気を博した。彼らは概ね、半年もの間、むさくるしい兵舎で時間を浪費することにうんざりしていた。

クライスキーは、オーストリアの中立もまた「積極的」という形容詞を付加して拡大し、新たな定義を行った。彼はオーストリアの役割を、調停者だと考えた。それは紛争地域で、誠実な仲介者として解決に努力する者だった。この意図に沿って、クライスキーはウィーンを、ニューヨーク、ジュネーヴと並ぶ第三の国連都市にすることも成し遂げた。

だが、オーストリアは改革に取り組む真っただ中で、それとまったく別種の世界政治に捕まった。一九七三年九月二八日、アラブのテロリストたちが国境のマルヘック駅を襲い、ソ連からのユダヤ人移住者たちを人質に取った。クライスキーはそれまで、自分の東欧との良好な関係を利用して社会主義諸国に働きかけ、移住を望むユダヤ人を実際に出国させようとしていた。その見返りとしてオーストリアは、こうした人々をシェーナウの通過収容所に受け入れた上で、本来の目的地

（たいていはイスラエルと米国）にさらに移動できるまで滞在させる用意がある、と表明していた。しかしイスラエル国家は、広くアラブ世論には挑発と受け止められていた。アラブ世界では、イスラエルがパレスチナ人たちから土地を奪った、と一般に評価されていたからである。パレスチナ人たちは、ＰＬＯ［パレスチナ解放機構］を筆頭とする数々の組織を立ち上げ、テロ攻撃により——とりわけ、一九七二年にミュンヘンで開催された夏のオリンピック期間中のものが有名である——先祖伝来の権利を自分たちに回復しようと試みていた。その一環として、ユダヤ人がイスラエルに向けてさらに出国することを阻止する試みもあった。クライスキーはマルヘックの占拠者たちと交渉して、彼らから人質を解放した。見返りは、シェーナウの通過収容所を閉鎖するという約束だった。クライスキーは約束を守った。けれども彼は、シェーナウの代わりに別の通過収容所を作らない、とは約束しなかったので、ほんの少し経ってから、この政策を別の場所で再開した。しかしながら、この事件によってクライスキーが確信したことは、中東では目的意識的な措置が必要なこと、それによって現在の紛争を緩和し、平和的な対話の基礎を作り出すことだった。このことは、しばらく後にも明らかになった。別のテロ部隊が、ウィーンに集まったＯＰＥＣ［石油輸出国機構］石油相たちの会議を襲撃した時である。この時もクライスキーは再び、人質を取った者たちを説得して退却させることに成功した。だがこのことは、ついに彼の決意を促し、世界の社会民主主義政党が持つ政治能力を発揮して、積極的に紛争に関わることにした。

そうした努力がますます必要に思われた。アラブ世界が、イスラエル人とパレスチナ人を取り巻く情勢を踏まえて、一九七三年に西側諸国への石油輸出を停止した時である。それは、当時世界的にやや過熱気味の経済状況を劇的に悪化させた。突然、西側諸国の経済は、もはや十分な燃料を入手できなかった。このため、オーストリアでは「車を使わない日」を導入せざるを得なかった。乗用車を持つ者は誰でも、シールをはっきりと見えるようにフロントガラスに貼らねばならず、それによって一週間のうち、どの曜日がその車の運行禁止日かを表示した。もちろん、全般的に広がった経済危機は、これよりもさらに中身を伴う対応を必要とした。クライスキーと彼の若い財務大臣、ハネス・アンドロシュは、ジョン・メイナード・ケインズのアイディアに遡った。ケインズは一九三〇年代、非常に多くの失業者に直面して、国家債務の増大を招いても完全雇用を実現するよう説いた。社会党はそこで「デフィシット・スペンディング」政策に訴え、インフラストラクチャー構築の積み増しと、オーストリアという産業立地への大規模投資とを行うことで、「オーストリア・ケインズ主義」とでも言うべき政策に賭けた。これにより、完全雇用ができるだけ維持されるはずだった。クライスキー自ら、この政策を軽妙に評して言った。自分には数十億シリングの国家債務の増加のほうが、何十万という失業者の増大よりも、眠れない夜が少なくて済むだろう、と。その後の年月に、企業に対して約一千五〇〇億シリング（約一一〇億ユーロ）の公的発注が行われ、それによって、ほぼ三〇万の職が新たにつくり出された。新たに二〇万の住宅、二〇〇を超える学校が建設され、ほぼ一千キロに及ぶ高速道路が新たに作られた。これによって西部アウトーバーンと南部アウトーバーンとが繋がった。

こうした実績に鑑みて、社会党が一九七五年の国民議会選挙で、過半数の議席を見事に防衛できたことは不思議でも何でもない。そこで同年秋、クライスキーはすでに自分の第三次となる内閣を組織した。彼が政治的に絶頂期にあったことは間違いない。マスコミは彼を「太陽王」と名付け、教皇パウロ六世は驚きを込めて、オーストリアを「祝福された者たちの島」と評した。クライスキーの卓越した地位は、国際的にも一目置かれた。彼は親友のヴィリ・ブラント及びウーロフ・パルメとともに、社会民主主義時代一〇年のいわば三巨頭だった。

ちょうどこの頃、クライスキーとジーモン・ヴィーゼンタールとの間で論争が起きた。後者はナチ犯罪者の追跡に打ち込んでいた。そのヴィーゼンタールが暴露した。クライスキーの一時的な同盟者であり、自由党党首として国民議会第三議長職の下馬評に上がっていたフリードリヒ・ペーターが、ドイツ軍に占領されたソ連の後背地における大量射殺に責任を負うSS［ナチ親衛隊］部隊の一員だった、と。即座にクライスキーは反応してペーター擁護に動き、クライスキーと国民党所属のヴィーゼンタールとの間で瞬く間に激しい論争が展開された。そのクライマックスで、クライスキーはヴィーゼンタールを非難して、後者のゲシュタポとの関係は、いずれにしても自分のものとは別物である、と述べた。これによってクライスキーは、長い間強制収容所に収容されていたヴィーゼンタールがナチとある種の協力を行っていた、と当てこすった。(16)

もちろんこの論争の要点は、過去に対する異なった意識だけでなく、結局のところ、二人の人物の違いでもあった。彼らは、ユダヤ人の精神世界の両極を代表していた。クライスキーは、啓蒙自由主義の富裕なブルジョア家庭の出身だった。一方、ヴィーゼンタールは、もともと東欧の正統ユダヤ教徒であり、したがって、クライスキーがユダヤ教の信仰共同体から離脱したことを赦せなかった。これに対しクライスキーは、自分の論争相手が行う、部分的には中世に遡ると思われる儀礼をどう取り扱ったらよいのか、まったく分からなかった。だが、クライスキーは、ヴィーゼンタールの行動を厳しく批判することで、オーストリアに残存する数多くの元ナチ党員たちに無意識のうちに赦免を与え、彼らが一人の「ユダヤ人」［クライスキー］を支持することで、いわば反ユダヤ主義の非難をかわすことを可能にした。だが実際のところ、問題はクライスキーの時代をはるかに越えて存続し、一九八六年にクルト・ヴァルトハイムが大統領に立候補した時に再燃することになる。

クライスキー自身は、遅くともこの時点からオーストリア内政への関心を少しずつ失くして、国際舞台への関与を深めていった。彼は多くの国家訪問を行い、その際重要だったことは、一つには、社会主義国家ブロックとの良好な関係を構築することであり、もう一つは、南北の対立を調停することだった。実際、彼はチェコスロヴァキアやハンガリー、さらにはユーゴスラヴィアの指導者たちとも直接の対話を行い、隣国関係を目に見えて改善することに成功した。他方、彼はアラブ世界の主張が認められるように力を尽くし、自分のイニシャティヴでイスラエルとエジプトとの和平プロセスを促進して、それは一九七九年のキャンプ・デーヴィッド合意で望ましい結果に終わった。彼はまたPLOをパレスチナ人の代表として公認し、同様の結果を狙った。だがこの点では努力が実を結ぶことはなかった。

オーストリア内政はその間、新しい副首相、ハネス・アンドロシュの強い影響下に置かれた。多くの者は、彼をクライスキーの後継者だと見ていた。だが、アンドロシュは、自分の政治的な養父から徐々に距離を置いていった。クライスキーは、アンドロシュが早めに自分の後継者になろうとしているとの感触を強めた。財務大臣のアンドロシュがこっそり税理士事務所を運営していたことが知れ渡って、両者の摩擦がついに激しくなった。この税理業務によってクライスキーは、自分が引き立てた人物の政治上の誠実さに疑いを覚えた。しかし、こうした世代間の軋轢が高じて決定的となる前に、社会党政府は予期せぬ問題に直面したことを知った。先の国民党単独政権が一九六九年、時代の一般的な風潮にしたがって、原子力発電所をニーダーエスタライヒのツヴェンテンドルフに建設することを決議していた。それが今や稼働可能となった。だが、稼働に反対するエコロジストたちの抗議が高まり、何と国民党が、党の戦術的打算から大々的にこの抗議を支援した。社会党は結局、問題の解決を国民投票の行方に任せることに決めた。クライスキーは、結果が僅差になるだろうと見越して、もし原発に「ナイン（否）」が突き付けられれば、自分は退陣すると脅した。それが結局のところ、実は原子力利用賛成の保守派にも投票所に足を運ばせることになった。一九七八年一一月、「ナイン」の票が三万票ほど多く投じられ、それによってツヴェンテンドルフは、完全に操業可能であるにもかかわらず、決して操業のスイッチの入らない、世界で唯一の原発に昇格した。クライスキーは社会党執行部に辞任を申し出たが、受理されなかった。半年後の国民議会選挙で、彼は五一％の得票と九五議席を得た。クライスキーはオーストリアの選挙史上、最良の結果を手にした。

しかしながら、クライスキーの時代は終焉を迎えつつあった。改革の熱意は衰えていた。そして地政学的状況もまた、英・米の選挙結果が裏付けたように、今ではますます右派に有利に働いた。オーストリア政府の財政的な裁量の余地は、経済成長の新たな低下に見舞われて狭まり、失業者数は再び増加した。政府はこの趨勢に逆らう力を、もはや持たなかった。ついで一九八〇年、すでに長らくくすぶっていたクライスキーとアンドロシュとの軋轢が、後継者の辞任をもって終わった。一九八一年一月、副首相となったフレート・ジーノヴァッツが後を継いだ。そもそも繊細な知識人であるジーノヴァッツは、すでにその容貌からして穏やかで愛想のよい人と見なされていた。だが、将来も社会党の優勢を維持できる人物という印象は必ずしも与えなかった。クライスキー自身、今や古稀を過ぎて病気がちの時期が始まり、もはや以前のように巧みにメディアを駆使できないことが初めて起きた。彼が、憂慮すべき経済状況に対応して、予算安定化のために一連の財政措置を提案した時、野党はこれを「預金通帳課税」だと貶めることに成功した。［曰く］社会党はこの税を使って、豊かでもないおばあちゃんから蓄えを巻き上げようとしている、と。クライスキーは初めて、自分の政治戦略をかみ砕いて説く力を持ち合わせなかった。こうして彼は、一九八三年の国民議会選挙で過半数を失った。クライスキーは今回ばかりは、党友の説得にもかかわらず、もはや退陣の決意を変えることはなかった。彼は社会党と自由党との連立の基礎を何とか据えると、一九八三年五月、内政の舞台を降りた。フレート・ジーノヴァッツが赤・青連立の首相となったが、計り知れないほど多くの問題に初めから直面した。

誰よりも社会党左派が、そしてまた、後に「市民社会派」として括られる多くの者が、連立によって行われた一政党［自由党］の重要度の嵩上げに抗議した。この政党の陣列には、ナチ・ファシズムとの非常に問題の多い関係を抱えたままの政治家が、なおも数多く存在した。このことが具体的に明らかになったのは国防大臣の事例だった。彼は、ナチ戦犯として有罪判決を受け、刑期満了前に釈放された人物を、自ら出向いて握手で迎えた。社会党がこの閣僚を、不信任決議において反対票で救ったことは、反ファシズムの党という自らの看板を棄損することだった。それと同等のイメージ・ダウンを社会党が被ったのは、シュトップフェンロイター・アウ（草地）に発電所を建設しようとした時だった。数知れないエコロジストたちがアウに押しかけ、自然保護区を連立政府のブルドーザーから守ろうと占拠した。『クローネン・ツァイトゥング』紙――人口比で言うと、世界でもっとも読者の多い新聞――は、エコロジストの運動を支援した。もはや政府には譲歩以外の手立てがなかった。

これらを全部併せても、まだ足りないとばかりに、ワイン・スキャンダルがオーストリア・ワインへの信頼を急速に失わせた。オーストリアのブドウ栽培・ワイン醸造業者が、生産したワインに不凍液のグリコールを混ぜて、早期に摘んだブドウの糖度不足を解消しようとしたからである。販売量は急減した。ジーノヴァッツ政権は一つの災厄から別の災厄へとよろめくばかりで、次の選挙が終わってまだ過半数を維持しているというチャンスは、まるで与えられなかった。

だがその前に、まず国家元首［大統領］の新たな選挙（一九八五年）が控えていた。この選挙には、二期の任期を満了する大統領のルードルフ・キルヒシュレーガーは立候補できなかった。社会党は、自党の厚生環境大臣、クルト・シュタイラーを指名した。社会党は、シュタイラーが怒っているエコロジストを、再び自陣営に取り込むことを期待した。一方、国民党は、自陣営の元外相、クルト・ヴァルトハイムを候補者に立てた。彼は一九七一年から八一年まで国連事務総長を務め、国際的に高い知名度を得ていた。さらに候補者の輪は、フレーダ・マイスナー＝ブラウ（「アウ占拠」の女性立役者）とオットー・スクリンツィ（自由党内でも極右と見られていた）によって広がった。

選挙戦たけなわの頃に知れ渡ったのは、ヴァルトハイムがナチ時代の自分の役割について虚偽申告を行っていた、ということだった。複数の国際メディアの報道によれば、ヴァルトハイムは本人の陳述に反して、一九四二年から四四年の間にドイツ軍将校としてバルカン半島で活動し、ドイツ軍が犯した戦争犯罪について、立場上少なくとも知っていたに違いない、ということだった。その上、ヴァルトハイムはＳＡ［ナチ突撃隊］のメンバーであり、ナチ学生同盟の一員であったが、本人は初め、それもまた同じように否認していた。事実に直面したヴァルトハイムの対応は、まさに古典的なやり方だった。自分は義務を果たしただけであり、命令にしたがったまで、という説明を行った。これはまた、多くの著名なナチがニュルンベルク裁判以降に使った防衛線だった。その上ヴァルトハイムは、はばかることなく、お定まりの反ユダヤ主義を引っ張り出した。曰く、国際的なメディアはユダヤ世界会議に支配されている、と。それ以上に遠慮がなかったのは、ヴァルトハイムを擁護した国民党の幹事長だった。ヴァルトハイムが自らの手で七人のユダヤ人を絞め殺したことが立証されない限り、彼に問題はない、と公言した。別の複数の国民党政治家は、同じ反ユダヤ主義の反感を巧妙に掻き立てる語彙を用いた（たとえば「東海岸」[17]とか、「特定諸グループの介入」とかである）。これに合わせて国民党は「我らオーストリア人は、自分たちの望む人物を選ぶ」とか、「今こそ正しく［選ぶ］」というスローガンを載せた選挙ポスターの印刷をあつらえた。それは、その色合いから、第三帝国によるユダヤ人識別の星形マークを想起させる代物だった。だが、保守派が初めから何を措いても主張したのは、「罵詈雑言キャンペーン」の背後に潜んでいるのは社会党だ、ということだった。これが自動的に社会党を守勢に追い込み、党首の機知に富んだコメント（自分は、ＳＡに所属していたのがヴァルトハイムではなく、彼が乗っていた馬だったことを承知している）にもかかわらず、もはや党は、投票日まで守勢から抜け出すことができなかった。実際ヴァルトハイムは、第一回投票では必要な過半数にほんのわずかに達しなかったのに対し、他方のシュタイラーは、四四％の得票率に甘んじなければならなかった。決選投票で社会党候補はヴァルトハイムに八％及ばず、後者は第二共和国で初めて国民党出身の大統領に選出された。

だが、まさにその故に、彼の戦時中の役割と、とりわけ選挙戦の最中に彼が取った態度をめぐる議論は止まらなかった。すでに一一年前、ペーターとヴィーゼンタールの事件を機に、自らの直近の過去をめぐるオーストリアの自己了解について根本的な論議に立ち至っていたが、その際はっきりしていたのは、オーストリアがこの問題を一度も公式に徹底して総括したことがない、ということだった。

戦争直後、当時の政府は犠牲者の立場に身を置き、オーストリアがヒトラーに最初に侵略された国である、というイメージを築き上げた。その際、ナチの機構に占めるオーストリア人の割合が数字の上で非常に高いことには口をつぐんでいた。この沈黙はまた必要なことと思われた。というのは、戦後の政治舞台で活躍した少なからぬ者たちが、ナチに関与した事情を抱えていたからである。たとえば、長年にわたり財務大臣を務めたラインハルト・カミッツは、ナチ党情報部の部員だったし、国防大臣のオットー・レッシュは、一九四五年以前にはナチ党の国策教育機関[18]ＮＰＥＡ

の教師として働いていた。

当然のことながら、戦後世代は事態を別様に眺めており、前の時代と真剣に取り組むことを望んだ。全国各地に委員会が組織され、ヴァルトハイムの大統領就任に抗議した。国際的に著名な彫刻家のヒルトリツカは、先述のフレート・ジーノヴァツによるコメントに当てつけて木製の馬を製作した。反ファシズムのデモ参加者は、これを引き回して、どこまでもヴァルトハイムを追い詰めようとした。ヴァルトハイムは大統領就任後、自分が国際的にボイコットされていることを悟らざるを得ず、彼には公式に外国を訪問する機会はほぼ皆無だった。こうして、どちらかと言えば評判の芳しくないアラブ諸国から届いた僅かの招待状は、ヴァルトハイムを極右で反ユダヤの大統領候補だった、としか見ない者たちの怒りを煽るばかりだった。

いずれにしてもジーノヴァツは、新しい大統領と協働するつもりはなく、その当選直後に辞任したので、新政府には［いまだ在任中の］大統領、ルードルフ・キルヒシュレーガーが認証を与えることができた。首相職を引き継いだのは、それまで財務大臣だったフランツ・フラニツキーで、このことは社会党の内外で政治の右傾化だと捉えられた。フラニツキーは［クライスキー内閣の］財務大臣、アンドロシュのもとで［財務顧問を務めて］政界進出のきっかけを掴み、その後長年にわたり（当時、大半は国有化されていた）銀行部門で経歴を重ねていたが、ジーノヴァツによって、一九八四年秋の大幅な内閣改造の一環で閣僚に招聘された。この改造でジーノヴァツは、クライスキー人脈から脱却しようとしていた。フラニツキーは、あらゆる点で前任者と異なっていた。とてもテレビ映りが良く、いつもきちんとした服装に身を包み――彼のためにこそ「高級ピンストライプ生地の社会主義者」という言葉が発明されたかのようだった——話ぶりは事務的で、彼が何らかの社会主義思想を理解しているとは思えなかった。社会党は一九七〇年以降、党の方策をすべて、社会をより公正にしようという観点に立って練ってきたが、フラニツキーの下ではまったく別のトーンが強まった。彼はオーストリアを一つの企業として眺めた。それは効率的に運営されねばならず、もはや「社会的」という言葉が前面に現れることはなかった。

ただ当初、フラニツキーには、自分の市場経済的な構想を政策に具体化することは叶わなかった。というのは、一九八六年夏を通じて、彼には連立の相手が見つからなかったからである。自由党はすでにかなり長期にわたり、世論調査で支持率が低迷を続け、次の選挙では議席を獲得できないかもしれない、というリスクに直面していた。党内では多くの者が、その責任は副首相、シュテーガーを中心とした、どちらかと言えば自由主義的な党指導部にある、と考えていた。シュテーガーは一九八〇年に党首に就任後、元ナチ党員や決闘規約を備えた学生組合のメンバー、さらに、こちこちの右派を擁する集団から脱して、自由主義の党と誤認されそうな党を作ろうとしてきた。この方針に沿って、シュテーガーが政府に加わることに成功したので、右派は当初おとなしくしていた。これには、シュテーガーが右派の何人かの大物に政府の要職をあてがったこともあずかっていた。だが、急速に低下する支持率のために、シュテーガーの余裕はだんだんとなくなってきた。

党内反乱の先頭には、ケルンテン州出身の若い議員が立った。彼は元々リベラルとして鳴らしたが、今やドイツ民族主義派の面々から支持を取り付ける機会を見出した。そのイェルク・ハイダーは、間違いなく華麗なレトリックの使い手であり、たっぷりのカリスマ性を持ち、こうして一九八六年九月のインスブルック党大会で、どちらかと言えば愛想のないシュテーガーを失脚させることなど、彼には朝めし前だった。もっとも、世間の耳目を驚かせたのは、何よりも党首交代に伴う騒ぎだった。興奮の極みにあった一人の党大会代議員が参加者に向かって叫んだ。「イェルク」と一緒にもう一度ロシア攻撃に向かうぞ、と。別の者たちは、シュテーガーの秘書とつかみ合いになった。加えて、ナチ時代を想起させる出来事に不足はなかった。ヴァルトハイムの戦時中の過去をめぐって、直近の歴史の問題として議論された事柄が、まさに現下の問題であることが一挙に白日の下にさらされた。

この党大会後、フラニツキー首相は、もはや自由党と一緒にやってゆけないことを悟った。彼は連立を解消し、新しい選挙に賭けた。それは同年［一九八六年］一一月に設定された。社会党はすぐに、自分たちが多くの敵に囲まれていることを知った。イェルク・ハイダーが非常に俗受けするスローガンを使って、これまでの連立相手を追い立てようとしただけではなかった。社会党の左側周縁には大統領選挙以来、エコ・グループが結成され、より幅広い環境保護にとどまらず、少数者の権利や社会的公正、代替生活スタイル等、本来社会党に投票するはずの有権者にも訴えかけるテーマを掲げた。当然のことながら、国民党はかつての選挙の大勝利［一九六六年］から二〇年経って、再び国内第一党になることを目指した。

「いつもニコニコ」というイメージを持たれたフラニツキーを候補者名簿のトップに据えた社会党は、予想通り、得票率を四三％に落として、二〇年来で最悪の結果だった。だが、社会党は鼻先一つ、国民党の前にいた。驚いたことに、国民党も同じように得票率を減らし、四一・三％しかなかった。選挙の勝者は一方では緑党で、五％をわずかに下回ったものの議会進出を果たした。これによって一九五九年以来[19]初めて、議会で四党が顔を合わせることになった。もう一人の勝者はイェルク・ハイダーの自由党で、得票率を倍増させ、一〇％を僅かに下回るほどに達した。投票日の夕方の画像は多くのことを物語っていた。フレーダ・マイスナー＝ブラウとイェルク・ハイダーの喜色満面は互に遜色がなく、また、フラニツキーは、落ち着きを失わないように努めたのに対し、国民党党首は、心筋梗塞を起こしそうな雰囲気だった。第一党になれなかったショックは、その貌に歴然としていた。

連邦大統領は、国の慣例にしたがってフラニツキーに新内閣の組閣を委託し、後者は、自身の政治的本性のままに再び大連立を選んだ。交渉は難航し、ほぼ一ヶ月に及んだが、社会党と国民党は、政府の基本政策に合意を見出した。そこには国民党の特質が、社会党のものよりもはるかに色濃く浮き出ていた。実際、フラニツキーは間もなく前々任者の重要な諸改革を後退させはじめた。財政を強化しなければならないという名目で、初めて社会保障制度へ切り込んで行った。元党首のクライスキーは激怒して、社会党名誉党首の役目を返上した。自分の改革の成果が、新しい連立政権のせいで危機に瀕していることを見て取ったからである。とりわけフラニツキーが保守に外務省を明け渡し、クライスキーの積極的中立政策を、国民党の新ＮＡＴＯ路線に切り替えたことが、クライスキーを後々まで憤激させた。一九八八年から八九年への年末年始に催された党創立一〇〇周年の祝賀を機にはじめて、和解、と言っても一応の和解に至ることになる。

イェルク・ハイダーは、一九八七年一月に認証された政府が、その保守の側面を前面に押し出したにもかかわらず、初めから追及の手を緩めなかった。彼は倦むことなく、嘘か本当かはっきりしない「支配階級」の諸特権をやり玉に挙げ、「庶民」の味方として振る舞った。彼は議会やテレビの討論で小さなパネルを好んで使った。そこには自分の訴えの要点が、誰の目にも留まるように書かれていた。こうしたやり方で、彼は自分の政治上の対抗者が旧態依然である、と繰り返し周りに思わせた。むろんその際、次のような事態が大いに彼の助けになった。それは八〇年代後半、実際にいくつも政治スキャンダルが浮上したことである。始まりはインタートレーディング・スキャンダルだった。[20]国有部門（VÖESTやリンツ化学会社等）の経営上層部が国際商品市場でリスクの大きな投機を行っていて、多額の損失を引き起こしたことが明るみに出た。政府は、この大事件の終息のためには、国有部門の解体と大量の人員削減しかない、という見解を表明し、社会党は保守の圧力に速やかに譲歩して、国有産業のもっとも利益が上がっている部門を民営化した。実際にフラニツキー政権は、社会党が影響力を振るった牙城を切り刻み続け、国有企業を一つひとつ投げ売りした。一九八七年のうちにオーストリア石油管理会社ÖMVが部分的に民営化され、少し後にはジマリング・グラーツ・パウカーSGP傘下の交通技術社の民営化と、フェスト・アルピーネ・コンツェルン傘下のいくつかの企業の民営化が続いた。こうした措置はすべて、大量の職場の喪失を招き、失業者が増大し続ける結果となった。だが政府は、こうした荒廃を社会的に緩和しようとするつもりはなかった。

少し経って、さらに二つのスキャンダルが政治的激震を引き起こした。やがて判明したように、それには社会党トップのお偉方たちが関与していた。その第一のスキャンダルというのは、一九八八〇年に始まった湾岸戦争の間に、フェスト［・アルピーネ］子会社の「ノーリクム」が重大なオーストリア中立法違反を犯して、イラン、イラクという戦争当事者双方に重火器を供給したものだった。それには、仕向け先を戦争非当事国とされたヨルダンとリビアにするという、まったく見え透いた偽装が行われた。すでに一九八五年にアテネ駐在オーストリア大使が、この陰謀を嗅ぎ付けていたが、彼は不審死を遂げて事態を公表できなかった。だが結局のところ、もはや事件をそれ以上秘匿できず、司法当局が捜査を開始して、上記の武器供給が、有力な大臣のしかるべき黙認がなければ不可能だったことを明るみに出した。内相のブレッヒャは、高まり続ける政治圧力に長い間抵抗していたが、とうとう一九八九年初頭に辞任せざるを得なかった。彼は後に、主として当該スキャンダルの証拠隠滅を理由に、執行猶予付きの禁固刑に処せられた。

それ以上に大きいと思われた波紋を、一九八七年に同様にすっぱ抜かれた「ルーコナ・スキャンダル」が引き起こした。すっぱ抜きより一〇年前にインド洋で貨物船「ルーコナ」が沈没し、乗組員六名が死亡した。船には事前に高額の保険が掛けられていて、非常に高額のウラン選鉱装置を運搬しているという触れ込みだった。しかし保険会社は事故後、保険金の支払いを拒否した。保険会社は、船は実際には無価値のスクラップを積んでいただけではないか、という疑念を抱いた。案件はそこまでは総じて、ごくありふれた保険金詐欺の試みだと思われた。だが、船主と、とりわけ彼の持つ直接の人脈とが事態を政治問題化した。ウィーンで人気のケーキ店「デーメル」の所有者であるウード・プロクシュは、早くから多くの著名な社会党政治家の支援を確保していた。この政治家たちはケーキ店の奥の部屋で、いわゆる「クラブ四五」の会合を定期的に持っていた。この著名なサロンには従来、たとえば財務大臣のアンドロシュや内務大臣のブレッヒャ、外務大臣のグラッツが顔を出していた。（グラッツは一九八六年、国民議会議長に選出されていた）。プロクシュは、自分への捜査が広がるにつれて友人たちの庇護を得ようとしたが、それは、友人たち自身の信頼性を瞬く間に揺るがせた。新たに議会に進出した緑党は、事件を独自に調査する［議会の］委員会を設けるように強く主張し、社会党の反対にもかかわらず設置することに成功した。その席でグラッツとブレッヒャは非難を浴び、それは、二人がプロクシュの予審勾留からの早期釈放を取り計らい、釈放によってプロクシュがオーストリアから逃亡するのを可能にした、というものだった。息を呑むような地球を半周する逃亡者狩りの末、プロクシュはやっと一九八九年一〇月に捕まり、その後、六人の殺人の罪で終身刑に処せられた。グラッツはすでにその前に、それ以上政治圧力に耐え切れず、一九八九年一月、国民議会議長の職を辞した。彼はその後、偽証罪で罰金刑に処せられた。

グラッツとブレッヒャという、クライスキー時代の二人の大物が政治の舞台からひっそりと退場した。だが、首相のフラニツキーは、こうしたスキャンダルを無傷でやり過ごした。問題となった時代、彼はまだ一切責任を負っていなかったからである。したがって、彼は世論調査で人気ナンバー・ワンの地位を保ち、それがだんだんと国民党の不安を掻き立てた。同時にフラニツキーは国際場裏でも堂々と振る舞った。彼は、各地でボイコットされた連邦大統領の代理を見事に務めた（おまけにその大統領には一九八七年、米国によって入国禁止すら課されていた）。そこで国民党は、党首、モックがフラニツキーに対抗して間もなく勝利を収めるだろうとは、もはや信じられず、一九八九年にシュタイアマルク州出身の農政家、ヨーゼフ・リーグラーに替えた。彼は社会党と自由党に対し「エコ社会的市場経済」構想で一線を画そうとした。国民党の党首交代とともに大幅な内閣改造も行われ、エーアハルト・ブーゼクが科学大臣に、ヴォルフガング・シュッセルが経済大臣に就任した。このライヴァルの二人は、国民党の希望の星と見なされ、左の社会党と右のポピュリズム・自由党との間で進行する両極化に鑑みて、この両極間における国民党の磨滅を阻止することが期待された。

ハイダーは、その間もさらに政府を追い詰め、数多くのスキャンダルを自分の目的に役立てることを心得ていた。同時に彼は雄弁を振るい、自分の発言をどこまで先鋭化できるか、おそらくは意図して瀬踏みを行った。ハイダーは、極右思想を弄ぶのを隠そうとしなかった。彼が元ナチの家庭出身であるという事情とともに、すでに一九六六年に、はっきり極右を思わせる発言を行って政治的キャリアを開始した事実によって、彼が先述の瀬踏みを全面的に政治的確信に基づいて行っている、という結論はごく自然のものだった。固有のオーストリア・ネーションという考えはイデオロギー上の出来損ないである、と主張し[21]、元ナチ親衛隊メンバーや元ナチ党員の前に再三再四姿を現し、彼らには「恩義」があると語った。そうした登場は、自分の第二の故郷であるケルンテン州で大きな成果を挙げた。理由はとりわけ、その土地柄にあった。ケルンテン州では、一九四五年以来政権を握る社会党ですら、ナチ・ファシズムと関係があることを一向に意に介さなかった。長期にわたり州首相だったレーオポルト・ヴァーグナーは、自分が「ヒトラー・ユーゲントの上位メンバー」だったことを自慢し、人々はケルンテン社会党党首でもある彼を、人気のあるオーストリアのケーキに喩えて「プンシュクラップフェン社会主義者」と呼んだ（このケーキは、チョコレートとラム酒を混ぜ込んで焼いた褐色の生地を、赤い糖衣でくるんでいる)。ヴァーグナー自身は一九八八年に暗殺の銃撃を受けて重傷を負い、首相職を辞任しなければならなかった。後継者は精彩を欠いた官僚タイプで、ハイダーに対してまったく勝ち目がなく、一九八九年初頭の州議会選挙で大敗を喫した。ハイダーは、たちまち国民党と政治同盟を結んでケルンテン州の首相に就き、これによって自由党は、初めて州政府を手中に収めた。ハイダー自身は、こうした選挙の成功に酔って詩人気取りの陳腐さに陥り、「ケルンテンに倣えば、オーストリアは健全化するだろう」と予告した。これが極右思想の剽窃であることは明らかだった。[22]

社会党は、思想内容に立ち入ってハイダーと闘おうとした。とりわけ「記念の年、一九八八」(ナチ・ドイツによるオーストリア占領五〇周年)を契機として、オーストリアとその過去との関係を、新たに根本から規定しようとした。フラニツキーは、自国の「犠牲者神話」を排除し、当時の「事実と行為」をすべて認める用意があった。オーストリアの有力なリーダーが初めて、ナチのテロにオーストリア人が関わった共同責任を認め、この事実からオーストリアに生ずる責任もまた引き受ける用意を示した。こうしてフラニツキーは、自分がハイダーによる右翼ポピュリズムの対極にあることを巧みに際立たせた。同時に多くのオーストリア人が国民党を非難して、ヴァルトハイム・スキャンダルから何ら中身ある結論を引き出さず、おまけにハイダーを政治的に成り上がらせる踏み台になった、と考えた。けれども、フラニツキーのハイダーに対する態度はまた、社会党がクライスキー時代の政治的主張からはるかに隔たったことを、うまく隠しおおせた。まだ一九七八年の党綱領では、社会主義社会の樹立が政治行動の目標として明記されていた。それから一〇年経って、それにはもはや触れられなかった。むしろフラニツキーが決意していたのは、ソ連と他のワルシャワ条約機構加盟国が反対しようとも、断固オーストリアを西側世界に統合することだった。そこで外務大臣にブリュッセルで、オーストリアのヨーロッパ共同体（EC）加盟申請をさせた。

これは当初、幅広い国民の反対に遭遇した。国内の左派はこの一歩を、ついにオーストリアを世界中に蔓延したネオ・リベラリズムに包摂するものだ、と批判した。一方、自由党を中心とする右派は、オーストリアのアイデンティティが――これはもちろんドイツのアイデンティティを意味する――国内で失われることに対し、民族主義的な反感を掻き立てようとした。

だが、左翼陣営の抵抗は弱まった。その頃、東欧各地の政府は、巨大な圧力の下に置かれた。すでにしばらく前から、ポーランド共産党の支配は徐々に浸蝕されていた。一九八九年夏、今度はハンガリーでも同じことが起きた。三〇年以上にわたり国の頂点にあったカーダール・ヤノシュ[23]が、新しい世代に道を譲らねばならなかった。新世代は、自分たちの救いが西側の標準に適応することにあると考えた。そこで一九八九年七月、オーストリア外相、モックがハンガリーの外相、ホルン・ジュロとともに、いわゆる「鉄のカーテン」を取り除くことに成功した。それからしばらくして、何千というDDR市民がこれを利用して、「友好的外国」における休暇を切り上げ、そのまま直接に西側に入って来た。DDR指導部は最後の力を振り絞って、なおも建国四〇周年を祝うことはできたものの、他国と同様に退陣せざるを得なかった。一九八九年一一月には、三三年続いたブルガリアのトードル・ジフコフの支配が、似たような展開を見せて終わりを迎え、さらに同年末を前にして、チェコスロヴァキア指導部もまたとうとう手を上げた。ルーマニアではニコライ・チャウシェスクが、自分の体制を断固守ろうと決意しているかに見えた。しかし、一九八九年のクリスマス［一二月二二日］に力ずくで打倒された。そして、見せしめの公開裁判で刑を宣告され、クリスマス当日［二五日］に配偶者とともに処刑された。したがって、直近一〇年の間に、いわゆる東欧ブロックの完全な崩壊を目の当たりにすることになり、さしあたりソ連だけが、社会主義国家として生き延びた。東西対立の終焉が到来したようだった。両ブロックの中間に存在すること――クライスキーの下で、まだ成功裏に実現された――は、もはや意味を持たないように思われた。こうしてオーストリアの左翼もまたプロＥＣ路線に転換した。そうした路線への批判は、わずかに右翼からのみ寄せられた。

フラニツキーは「現実に存在する社会主義」の崩壊をきっかけに、自分の政治的世界観を明らかにした。一九九一年には、党にその歴史的根源を否定させ、党名を「オーストリア社会民主党」Sozialdemokratische Partei Österreichs に改めさせた。こうして社会主義という遥かな目標は、ついにテーマではなくなった。共産党は二〇年来、影の存在であることを運命づけられていたが、再び危機に、しかも今度はついに存続の危機に陥った。というのは、党が長年にわたり、ソ連とＤＤＲからの財政援助によって潤っていたからである。この援助は、相対的に小さな政党に、費用のかさむ日刊紙や膨れ上がった党専従組織を維持することを可能にしていた。したがって、一般に「富裕な」党と見られていた共産党は、さながら一夜のうちに窮乏化した。破産を回避するために専従職員を解雇し、中央機関紙を廃刊、さらには多くの不動産を売却しなければならなかった。経済的崩壊は深刻な政治路線闘争につながった。当初「改革勢力」が優勢に思われたが、むしろ伝統路線を志向する勢力が結局のところ勝利し、そのために党名の変更もされず、党は今日まで「オーストリア共産党」を名乗る。

しかし「社会主義陣営」の終焉は、オーストリアに存在する数多くの左翼小グループや弱小グループにとっても強い逆風を意味した。グループはイデオロギー路線ごとに、自己の手本ないし反面教師を失ったからである。トロツキスト・グループあるいはマオイスト・グループが瞬く間に四散し、その活動家たちは、緑党や社会民主党に新たな居場所を求めたり、あるいは、すっかり政治から引退したりした。

だが、社会民主党の希望もかなわなかった。同党は「共産主義」の終焉後は、国際社会民主主義勢力がヨーロッパ最強の政治勢力になるだろう、と期待した。社会主義の信用が、スターリン主義の過去によってもはや損なわれることはない、と考えたからである。西側でも東側でも人々は、ネオ・リベラリズムの経済政策が一人ひとりに富と豊かさを保証してくれると期待した模様で、保守の諸政党に喜び勇んで票を投じた。社会民主党がそこから引き出した結論は、もし政治権力の座に留まろうとするならば、「よりましな保守主義者」の姿を見せなければならない、というものだった。

7　オーストリアのEUへの道

この右旋回の効果を実証する初の試練は、早くも一九九〇年秋に控えていた。再び国民議会選挙がめぐってきた。社会党の選挙戦は、もっぱらトップ候補の人柄に焦点を当てた。フラニツキーを、国に安定した将来を保証する人物として、また、あらゆるイデオロギー上の争いを超越した重要な政治家として推奨した。ハイダーはもう一度、そして一層、自分の党を庶民の味方として位置付け、多くのオーストリア人が予想外の東側世界の開放に抱いた不安を、弁舌巧みに巧妙に利用した。実際、オーバーエスタライヒやニーダーエスタライヒにある国境は、何十年にもわたり、蟻の這い出る隙もないように固められていた。辺境の小さな村々は放棄され、牧歌的とも言うべき静寂の中に置き去りにされていた。だが、今や思いもかけず突然に、多くのチェコ人やスロヴァキア人、ポーランド人、さらにはルーマニア人、ブルガリア人までもオーストリアに押しかけた。彼らは、とりわけ非熟練労働者たちによって労働市場における深刻な脅威であると考えられ、ハイダーはこれをしたたかに利用する術を心得ていた。フラニツキーとハイダーという両極の間に置かれた国民党の党勢は、かねてから党自身が恐れていたように衰退した。選挙で社会党は四二・八%を獲得し、一九八六年の結果［四三・一%］をほぼ維持できた。一方、自由党は新たに得票の大幅増を記録し、一六・六%を獲得した。国民党は惨敗を喫して三二%に落ち込み、結党以来初めて、憲法改正を阻止できる［全議席の］三分の一に達しなかった。緑党もまた一〇議席を獲得して、今回も議会に席を占めたので、保守陣営の多くの者が練った計画、すなわち、黒・青［国民党・自由党］連立をケルンテン州に倣って連邦レベルでも樹立しよう、という構想は無効になった。というのは、同連立が過半数を上回るのは僅かに留まり、非常に不安定にならざるを得ない見通しだったからである。そこで当然のことながら社会党と国民党は、比較的速やかに大連立を継続させることで合意し、その公にされた目標は、早急にオーストリアがＥＣ（ＥＵの前身）に加入することだった。

「エコ社会市場経済」の提唱者であるヨーゼフ・リーグラーは、この連立で当初、再び副首相職に就くことを許されたが、彼への信頼は、選挙の壊滅的敗北で事実上尽きていた。フラニツキー第三次内閣が認証されて数ヶ月後、リーグラーはエーアハルト・ブーゼクと交代させられた。その前に、ブーゼクを含む党内の「大連立」派はもう一度主張を貫いていた。ブーゼクは都会的で知的であり、何よりも折り紙付きのＥＣ賛成派だと考えられていた。したがって、党にとって彼は最良の選択だと思われた。

しかし、ちょうどブーゼクが国民党党首に選出された頃、ケルンテン州で事件が相次いだ。州議会の論戦で、州首相、ハイダーが思わず知らず漏らした。第三帝国には「まともな雇用政策」があった、と。発言者は、すぐに国際的に激しい反発を招き、国民党は、ハイダーを同盟のパートナーとして外さざるを得なかった。もっともその際、この同盟変更が自党にたっぷりの見返りをもたらすという芸当を、国民党はやってのけた。ケルンテン州議会の最小党派である国民党は、州首相、ハイダーの解任決議後、［自党から］新しい州首相を擁立した。皮肉なことに、ハイダーをめぐる一連の出来事は、ヴァルトハイムによる一つの報道発表を、ほぼ完全に色あせたものにした。ヴァルトハイムはまだ大統領として、ウィーンの［大統領府がある］ホーフブルクに席を占めていた。国際的に侮蔑を受ける中で疲れを覚えたヴァルトハイムは、ハイダーが雇用政策云々を漏らしたちょうどその日、二期目に立候補しないことを表明した。ヴァルトハイムは最後まで政治的パーリアに留まり、ホーフブルクで国賓をまったく迎えることができず、彼自身もまた、［ほぼ］誰からも招待されなかった。教皇、ヨハネ・パウロ二世による非公式の謁見と、論争を呼んだサダム・フセインのイラク国家訪問が、彼の数少ない外交活動に数えられる。このように事態を眺めると、政治から身を引くというヴァルトハイムの予告こそが、多くの者に、彼がいまだ大統領職に就いているという事実を思い起こさせた。

フラニツキーは彼流のやり方でケルンテンの出来事に対処した。一九九一年七月初めに国民議会で基調演説を行い、すでに一九八八年にまとめていた考えを、もう一度包括的に説明した。彼は第二次世界大戦とその帰結に対するオーストリア人の共同責任を、再度次のように認めた。「危害への共同責任があります。その危害は、オーストリアが国家として加えたものではなく、この地の市民が、他の人々と他民族とに加えたものです」。何年かして［一九九三年］、フラニツキーはイスラエルのヘブライ大学における演説で、この考えを一層明瞭に述べ、オーストリアの犯罪者による犠牲者に対し、共和国の名において赦しを請うた。

フラニツキーの明確な態度がますます必要と思われたのは、ハイダーがケルンテンで失脚してすぐに連邦政治の場に難を避け、そこで自由党議員団団長として、自分の攻撃的な右翼路線をますます先鋭化し、継続したからである。ハイダーは疲れを覚えることなく全国を巡り、とりわけ若者たちを自分の運動に糾合した。彼らはハイダーの下で短時日のうちに高い地位に就くことを許され、政治的批判者たちは、彼らを「餓鬼部隊」Buberl-Partie と呼んだ。彼らが無条件でハイダーに従う態度を特徴的に示すのは、ハイダーをケルンテン州で代理したマティアス・ライヒホルトの発言である。彼は［州副首相］就任に当たり、自分の名前を次のように語って記者たちに書きとらせた。「マティアス Mathias は、t 一つだけ。もっともイェルク［・ハイダー］が違うと言えば、t 二つだけどね」。その上、ライヒホルトは後に短い期間だったが、自由党党首にも就任した。彼はこれを次のようにコメントした。「僕が党首なのは、イェルク・ハイダーが党首に立候補しないと決めたからだ」。ハイダーの若い親衛隊員たちは、ことさらにモダンな振る舞いをし、ほぼ全員が携帯電話を使用していた（これは当時、まだ極めて珍しいことだった）。また、最新流行の衣服を身に着けていたが、頭の中味は、自分たちのボスの説明を僅かの言葉につづめて繰り返すことに尽きていた。したがって、政治に関心を持つ人々から特段に真剣な扱いを受けることはなかった。自由党内でも反発に遭遇した。それは、こちこちの右派で知られたグループからやって来た。このグループはそのメンバーを、決闘規約を持つ学生組合や、それどころか、一部はネオナチ・グループからも募っていた。したがって、多少とも名の知られた自由党のメンバーが次々と離党を強いられたことは驚くに当たらなかった。というのは、彼らがあまりにもナチ思想に慣れ親しんでいたからである。ケルンテン州議会議員のペーター・ミュラーは、議会発言で耳目を聳動させた。「僕はもう、ヴィーゼンタール［ナチ・ハンター］に言ってやったんです。僕らは、またまた［死体］焼却炉を建設するんだ。だけど、ヴィーゼンタールさん、それは、あんたのためじゃないよ。あんたには、イェルクのパイプの火で十分だ、と」。ミュラーは決して例外ではなかった。

ハイダー自身もその間に、オーストリアのEC（その後のEU）加盟を阻止するため、持てる力をすべて動員し、外国人を敵視する決まり文句を使用することも厭わなかった。それが成功を収めたことは、じきに明らかになった。一九九一年一一月、自由党はウィーン市議会選挙でほぼ一三％を積み増したのに対し、社会党は自分たちの押しも押されもせぬ牙城で、議席の過半数を何とか確保できたものの、得票では過半数を失った。その少し前、自由党はシュタイアマルク州議会選挙で得票を一一％増加させ、オーバーエスタライヒ州議会選挙でも一三％弱の増加を達成していた。この三つの事例すべてにおいて、自由党はその都度、政権党から大量の票を奪った。こうして自由党は、ヨーロッパ中で注目される現象となった。というのは、自由党が主張したような見解は、当時、せいぜい周縁に存在する極右の小グループが宣伝したものだったのに対し、自由党はともかくも、少し前には連邦政府に席を占めていた政党だったからである。

連邦政府が自由党の躍進に対して、すっかり途方に暮れたことは明らかだった。社会党の内相、レシュナクは、「法と秩序」について長々と述べた。元左派の希望の星だったヨーゼフ・カプ——フラニツキーの下で［一九八八年］社会党の書記長になった——は、ヴィザ取得義務をポーランド人に対して再導入することさえ要求し、「ボートは満杯だ」と要らぬことまで発言した。こうした発言は意図せずして、自由党をさらに勢いづかせることになった。そこでイェルク・ハイダーの支持者たちは、ハイダーによる批判が今や公式の部署から追認された、と考えた。政府のこうした態度は、ハイダー自身を鼓舞して、さらにもう一歩進ませただけだった。一九九二年夏、彼は外国人を敵視する国民請願の準備を始めた。請願の一連の内容は、実地に移すチャンスなどまったくない、人気取りの試みを含むものだったが、併せてEUの諸原則に真っ向から抵触する諸措置もまた含んでおり、オーストリアのEU加盟を阻止するはずだった。国民請願の提案者たちは独自の憲法案を宣伝した。それによれば、オーストリアは移民受入国ではない由を表明すべきであり、それとともに移民受入れの停止、すでにオーストリアに滞在する外国人の一層厳しい管理、学級における外国人生徒数の制限、違法行為を犯した外国人の追放、そして警察の増強を求めた。自由党はまた弁明気味に、東ヨーロッパ財団の設立を提唱した。その目的は、移民の動きを事前に当該の国々で阻止することだった。

市民社会は即座にはっきりと、このハイダーのイニシャティヴに反対を表明した。人権活動家たちは「SOS仲間」という協会を立ち上げた。同協会は「光の海」と名付けられた、外国人憎悪と攻撃に抗議するデモを、一九九三年一月二三日（請願記帳週間の始まりの二日前）に組織し、これにはウィーンだけでも三〇万人が参加した。このデモはオーストリア史上、最大のものになった。

連邦政府もこの請願の企てに明確な拒絶を表明した。メディアにおいても、ハイダーはもっぱら批判を浴びた。こうした背景を考えれば、有権者の二〇％を請願署名に踏み切らせる、とハイダーが表明した目標は楽観的過ぎるように思われた。もっともハイダーの政敵たちも、最終的に四一万七千人弱（七・四％）の署名しかなかったことまでは、事前に予測できなかった。これは、ハイダーの明確な政治的敗北である、と受け止められた。

だが、それだけではまだ足りず、ハイダーは数日後、もう一つ、事態の悪化を甘受しなければならなかった。同党の書記長、ハイデ・シュミット――ハイダーは彼女を引き上げて、一九九〇年に第三国民議会議長職に就けていた――が公然と自分のメンバーと袂を分かち、他の四人の国会議員とともに新党を立ち上げた。新党は「自由主義フォーラム」ＬＩＦと名付けられ、すぐに自由主義インターナショナルへの加盟を目指した。ハイダーにとってこの決裂は、シュミットが数ヶ月前には連邦大統領選挙でハイダーの担ぐ候補だっただけに、ますます手痛いものだったに違いない。大統領選挙で社会民主党は、前回から六年経って大統領職を取り戻そうとして、自党の経済大臣、ルードルフ・シュトライヒャーを候補者に指名した。一方、国民党は、それまでほとんど無名だった外交官を候補に立てた。シュトライヒャーは有権者に、国有企業解体政策の責任者であると見なされ、したがって第一回投票では、国民党候補のトーマス・クレスティルをわずかに上回るだけだった。クレスティルは無党派の仲裁者として、また支配層に属さず、信用に値する者として有権者に訴えることができた。ハイデ・シュミットはと言えば、自由党にとって立派な成果である一六・四％を獲得し、それは前回の国民議会選挙の結果と遜色がなかった。シュトライヒャーと社会民主党は、第一回投票の結果に大きなショックを覚えた。勢いは、今や完全にクレスティルの側にあった。彼は決選投票で五七％弱を獲得し、社会民主党の対立候補を徹底的に打ちのめした。クレスティルは就任前に、自分は行動する大統領になり、内政に大きく関与するつもりだ、と言明したが、憲法は彼に明確な制約を課していて、彼のこうした意欲を早々と冷ました。

外国人敵視の国民請願に関する議論は、まだ実際には終わっていなかった。一九九三年末にはいくつもの手紙爆弾が、この問題との関連で驚愕を引き起こした。犠牲者にはウィーン市長で社会民主党のヘルムート・ツィルクも含まれていて、テロの結果、何本もの指を切断しなければならなかった。爆弾の標的（難民援助者、少数民族代表者、左翼政治家）からすぐに、差出人は極右の背景を持つ者に違いない、と推測された。だが、警察は当初、犯人を捜し出せなかった。さらに一九九四年夏、警官が一人、ある［少数民族言語を採用する］二言語学校の前に仕掛けられたパイプ爆弾を処理しようとして重傷を負った。一九九四年末の手紙爆弾の第二波は、比較的被害が少なかったが、一九九五年二月、四人のロマが仕掛けられた爆発物によって亡くなった。その際「ロマはインドに還れ」と書かれたメモが見つかり、これによってついに、一連のテロの背後に極右がいることが判明した。その後も一九九五年末まで手紙爆弾がさらに送られたが、この間に世論は十分な警告を受け取り、それ以上の負傷者は出なかった。テロの張本人として「バイエルン解放軍」ＢＢＡが名乗りを上げたが、同組織は、この時までマークされていなかった。今日、多くの者が想定しているのは、組織は単独犯のでっち上げであり、一九九七年、通常の検問で偶然に警察が逮捕した人物の仕業だった、ということである。テロリストは一九九九年、終身禁固刑に処せられ、一年後に房で自殺した。

極右のテロは、オーストリアではそれ以前に、たとえばイタリアほどの規模ではないにしても繰り返し起きていた。だが、BBAの手紙爆弾は忘れがたい印象を残し、ついに極右の策動に断固として対処するきっかけを当局に与えた。自由党も、少なくとも短期的に守勢に追い込まれた。同党がやっとそこから抜け出したのは、一九九五年四月のことで、二人のアナーキスト活動家がエバガッシングで、オーストリアを通って原発の電力を送る送電線の鉄塔を爆破しようとして死亡した時だった。それ以降、一連の極右のテロは、自由党政治家によって一件の「左翼テロ」（たった一件に留まったが）と対比された。

一九九三年二月のLIF結成により、第二共和国で初めて、オーストリア国民議会に五会派の顔ぶれが並んだ。そのうち四会派は、はっきりと親EUの立場を取った。連邦政府は意欲的に、EUが提示した一連の要求項目を処理し、オーストリアの法体系をEUのネオ・リベラルな諸原則に適合させた。一例を挙げれば、君主制時代から続くオーストリアの専売制度の廃止である。国家が塩や砂糖、さらには煙草等の価格を決定することが撤廃され、こうした物もいわゆる自由市場経済に委ねられた。

同時に政府の代表者たちは、倦まず弛まず国民に対して、EUにおけるオーストリアの未来をバラ色に描いた。国境を意識しない旅や、ヨーロッパ規模の労働市場への参加、EU奨励金による高い利益である。こうしたことは、政府が加盟宣伝に用いた数ある論拠の僅かな例にすぎない。これに対し、厄介なテーマは「お知らせキャンペーン」では触れられないままだった。そのもっとも重要なポイントは、オーストリア・シリングの将来だった。多くのオーストリア人の不安は、もし、たとえばイタリア、スペイン、ギリシアのような国々と同じ通貨を持つとすれば、インフレになるのではないか、というものだった。そこで政府は、不安な気持ちを宥めた。［曰く］オーストリアが「ユーロ」を採用するかどうかという問題は、この［加盟］投票のテーマではなく、むしろこの点は、後々の国民投票で決定される、と。しかし、オーストリアがEUに加盟した後、この点はもはや話題にされず、共通通貨は国会の決議で採用された。

外国人に関する国民請願の賛成記帳が行われた次の週に、ブリュッセルで公式の加盟交渉が開始された。これについてメディアは、全体として肯定的な報道を行った。交渉は一九九四年四月、文字通りのマラソン会議で終結させることができた。ここでオーストリア外相、モックは、体力の限界一歩手前に至った。へとへとに疲れ切ったモックが、共に交渉した社会党のエーデラー女史の頬に狂ったように「口づけ」する写真が、当時メディアによって出回った。加盟のための諸条約は、すぐに国会が批准し、続いて連邦大統領、クレスティルが国民投票を指示した。というのは、EUの法体系をオーストリアの法制度に取り込むには、必然的に国内憲法の全面改定が必要になったからである。この国民投票は、一九九四年六月一二日に設定された。

この時点でEU敵対者の総勢が見えてきた。緑党の一部は、相変わらず懐疑的だった。というのは、彼らは国内環境基準の緩和を恐れ、とりわけ国内を通過する外国車両が大幅に増加するのではないかと憂慮したからである。共産党あるいは社会主義左翼党（SLP、トロツキスト系の小党）のような左翼グループはEUを、その抑制なき資本主義の故に拒絶した。一方、自由党とともに

『クローネン・ツァイトゥング』紙の一部論調も、民族主義的な動機からＥＵを拒絶した。ハイダーは何としても加盟を阻止することを目標にしていて、キャンペーンでフェイク・ニュースを使うこともためらわなかった。中でも特筆に値するのは、ＥＵではヨーグルトに［害虫の］カイガラムシを混入することが許されている、というフェイクだった。

実際、加盟賛成は国民投票直前まで、さっぱりはっきりしない様相だった。政府自身も「たとえ僅かでも、賛成多数が肝心」という路線を堅持していた。国民投票当日、六六・四％が加盟賛成を表明した（有権者の八〇％超が投票）。これは誰も予想しなかった結果で、これによって、中にはまったくおかしなことも起きた。たとえば国民党党首のブーゼクが熱狂的に「インターナショナル」を歌った、という出来事である。

政府は輝かしい成功を収めたと自賛し、それに相応しい期待を込めて一九九四年一〇月の国民議会選挙に駒を進めた。オーストリアが一九九五年一月一日にＥＵ加盟国になる前の最後の選挙である。結果の見通しもまた、両政権党にとってすこぶる良好に思われた。というのは、国民投票の明白な結果が、イェルク・ハイダーの自由党にとって決定的な敗北と受け止められたからである。そのうえ自由党は、選挙に打って出るＬＩＦにより、自らの地盤で競争にさらされていることを知った。そのことがあってハイダーは選挙戦でとりわけ好戦的に振る舞い、対抗馬たちには有効な反撃がまったく見いだせなかった。さらに選挙結果は、その年二度目の大きな驚きを巻き起こした。世論調査の予測に反して、フラニツキーの社会民主党は大きく得票を落とし、わずか三五％の得票率になった（四年前には四三％近くもあった）。そしてブーゼクの国民党は二七・七％に落ち込み、これによって「大連立」は歴史上初めて、もはや憲法改正に必要な議席の三分の二さえ持たなかった。LIFは初めての挑戦で六％に達し、緑党は得票率を七・三％に上げたのに対し、自由党は二二・五％で、すでに国民党にかなり迫り、選挙の本来の勝者だった。

政府はショックのあまり、まるで硬直したようになり、その結果、間を置くことなく連立の継続で一致した。これによってブーゼクは、自党による党首解任の機先を制しようとしたが、国民党では、社会党の包囲から脱却することによって初めて自分たちには将来がある、という声が急速に高まった。一五年前、当時の党首、ヨーゼフ・タウスが、クライスキーに対抗して自由党とブルジョア・ブロックを作ろうとしたように、今やブルジョア連立の支持者が増加した。これに対し、党の「大連立」派はだんだんと守勢に回った。選挙の半年後、これまで経済大臣だったヴォルフガング・シュッセルがブーゼクと党首を交代した。シュッセルは、一九九五年五月には副首相の地位を継承しただけでなく、アーロイス・モックから外相職も引き継ぐことで、同時に党内の他のライヴァルたちも退けた。ブーゼクはと言えば、教育大臣に退き、さらにフォーアアルルベルク出身の無名に近い地方女性政治家と交代させられた。彼女は何十年も前に三年間、小学校教師として働いた実績があるだけだった。シュッセルは自党に割り当てられた他のほとんどの部署にも、自分に忠実な者たちを配した。さらに黒・青連立計画を迅速に実現するため、早急な新選挙を目指して最初は密かに行動した。

社会党も自分たちのやり方で選挙の敗北に対応した。数週間の懺悔期間が過ぎると、数多くの古参役員を新顔に入れ替えた。そのうち新内相のカスパル・アイネムと新運輸大臣のヴィクトール・

クリマが、党の希望の星として扱われた。シュッセルは一九九六年予算をめぐる交渉で連立解消を挑発した。その昔成功を収めた、国民党政治家、ラープとカミッツの名を冠した経済政策コースに倣い、自分と新経済大臣の名を冠した「シュッセル・ディッツ・コース」がオーストリア経済を、高速自動車道の追越車線に導くと宣伝した。社会民主党は、国民党プログラムが孕む社会への冷淡さを指摘し、もしシュッセルが彼の計画を実現できるようになったら、とりわけ年金の大幅な削減を覚悟しなければならない、と警鐘を鳴らした。運輸大臣のクリマは、テレビ討論会でハイダーに対して意外にもうまく立ち回り、一九九五年一二月の選挙でブルジョア・ブロック政府を実現するという夢を打ち砕いた。社会党は三八％を超える得票を獲得し、六議席増加させたのに対し、国民党と自由党は両党を併せても、まったく得票率を増やせなかった。LIFは前年の実績を十分守ることができたのに対し、緑党は支持を失い、一九八六年の実績に逆戻りした。国民党は僅かばかり［〇・六％］の回復にがっかりし、結局「大連立」を続行した。前倒しで行った新たな選挙の副産物は、連立政権が憲法上の多数議席［三分の二］を再び手中にしたことだった。すでに一〇年にわたり首相として政府のトップにあったフラニツキーにとって、この勝利は、自分の職責をより若い人々に譲る願ってもないタイミングだと思われた。彼はそれから一年余り後に首相を退任した。新首相には一九九七年一月に予想通り、ヴィクトール・クリマがなった。

当然のことながら、社会党はクリマと共にもう一度右旋回した。彼の党内のライヴァルであるカスパル・アイネムは［内務省から］運輸省に左遷され、文化大臣のルードルフ・ショルテンは政府から追われた。社会民主党所属の新しい大臣たちは皆、模範的なテクノクラートか、あるいは党官僚であり、とりわけ新内相は、自由党グループとの連絡員だと考えられた。クリマ自身、メディアでの見栄えに非常に気を遣うとともに、社会民主主義の同僚であるトーニ・ブレアやゲーアハルト・シュレーダーが大きな成果を挙げたとされる戦略を採用した。新首相は家庭向けにアピールすることを狙い、ざっくばらんな雰囲気を演出した。そこで、たとえば水害が発生した折には、現場で長靴姿を写真に撮らせたりした。そんな折、時として笑いを誘うような失敗を引き起こした。たとえば一九九八年の［冬季］オリンピックのことである。ヘルマン・マイアーのスキー滑降競技決勝戦のテレビ中継に先立って、クリマは自分の写真を撮らせた。それには二種類あった。一つは、マイアーの優勝に歓呼するクリマであり、もう一つは、マイアーが金メダルを逃したと怒るクリマである。クリマのメディア担当顧問たちに思いもよらなかったのは、マイアーが当該の競技でコースから派手に飛び出し、何度も転倒したことだった。「驚愕する」クリマを、誰も予定していなかった。政策内容についてもこの調子で、新政府は何らかの政策に特別の重点を置くことはしなかった。社会民主党は、国民党から数多くの要求を突き付けられ、それを実現するのもまた、社会民主党チームだった。最初の一括緊縮措置によって、低所得者層に大きな社会的不利益がもたらされた。これは、社会民主党が政府から追われた二〇〇〇年という年に、自分たちの党を、社会の良心として訴えることを難しくすることになった。その上、クリマの率いる社会民主党の受動性は極まって、一九九八年には初めて、大統領選で自党の候補者を立てることを断念した。これによって当然のことながら、同党は多くの支持者の気持ちを逆なでし、社会民主党の活動家の中には、無所属の女性候補者であるゲルトラウト・クノルを支持することを厭わない者たちもいた。緑党の多くの者も彼女を支持した。自由党もまた自党の候補者を立てなかったので、クレスティルは焦ることなく二期目を予想することができた。彼はすでに第一回投票で六三・四％を獲得したのに対し、無所属のクノルは一三・六％を得た。ハイデ・シュミットは今回ＬＩＦから立候補し、一一％を獲得した。もっぱらテレビで名の売れた建築家のリヒャルト・ルークナーは一〇％弱を得た。だが、クレスティルは人気のある大統領にはならなかった。

これに対しクリマ首相は、オーストリアが一九九八年後半に初めてＥＵ理事会議長国を務めた時、その地位に得意そうだった。しかしその際、彼がすっかり見逃していたのは、そうした機会にまず登場できるのが外務大臣だったことである。これによってシュッセル外相は、一九九五年の連立解消から生じた自分の人気の低下を食い止め、回復させることができた。ただ、イェルク・ハイダーへの賛同も新たに増加した。けれどもハイダーは、再びケルンテン州の首相職を手に入れることを目標にした。実際、彼の党は一九九九年三月の州議会選挙で一〇％近く得票率を上乗せしたが、単独政権が可能になる多数派にわずか二議席足りなかった。その結果、社会民主党と国民党はケルンテン州で落ち着きを失って、我勝ちにハイダーという勝ち馬に乗ろうとした。少し後に行われた欧州議会選挙では、社会民主党が再び勝利し、自由党は票を失った。両党はそれに構うことなく、楽観的に国民議会選挙に臨んだのに対し、国民党は妙に平静を装った。ただ、シュッセルがあるインタヴューの中で、自分は首相になる夢をまだ捨てていない、と漏らしただけだった。

それにもかかわらず国民党は、社会民主党と自由党との対決で押しつぶされそうだった。世論調査は、国民党が第三党に転落することを予測した。これに対しシュッセルは、その場合は野に下ると脅迫した。これが大連立支持者たちに警鐘となり、一三年ほど存続した政府形態の終了を招きたくなければ、彼らは国民党を支持しなければならなかった。

実際、一九九九年一〇月三日には、ただ一人の勝者がいた。自由党である。同党は党史上初めて第二党になった。もっとも実際には、国民党を四一五票上回っただけだったが。これに対し、いつも笑顔の人と思われていたヴィクトール・クリマは、すっかり笑みを失った。得票率は三三％で、社会民主党［と前身の社会党］の歴史上、最悪の結果となった。第一党を守ったという事実だけが、敗北をまだしも耐え得るものに見せかけていた。ところで、ＬＩＦが二回の立法府任期の後、それ以上に議席を保持できなかったため、突然に中道よりも右側に、はっきりとした多数派が存在することになった。国民党と自由党は両党を併せて、全一八三議席のうち一〇四議席を保有した。しかし選挙直後には、まだ誰もこの連立が出現するとは想定していなかった。

8　黒・青連立から大連立への復帰

選挙で失敗したクリマにとって、どのように考えても状況は有利と言えなかった。国民党は予告通り、当初、すっかり野党路線に舵を切っていた。ただ、シュッセルは国民党の議員団団長を引き受けながら、同時に副首相と外相に留まって、厳密に言えば公約違反を犯していた。連邦大統領、クレスティルはさしあたり、クリマ首相に組閣要請を行うことを拒み、いわゆる予備交渉を「国民党と」行わせた。クリマはその席で早々と神経をすり減らした。国民党が選んだ孤立から、彼らを引っ張り出すのに数週間を要したし、その後の交渉も容易に進展しなかった。国民党が、ほとんど充たすことのできない条件を次から次へと持ち出したので、同党は交渉決裂を意図しているのではないか、という推論がじきに妥当だと思われた。因みにこの推論は、国民党と自由党からなる黒・青連立政権が成立した素早さを考えると、的を射ていたようである。

ところが、社会民主党は予備交渉において国民党の言いなりで、歯噛みしながらも次々と連立条件を満たし、自分たちの本来の立場からどんどん後退していった。そこで社会民主党には、首相府を保持するためであれば、事実上ありとあらゆることをする、という非難が浴びせられたが、それは、あながち間違いではなかった。社会民主党と国民党は、追加の緊縮案や民営化から、年金開始年齢の引き上げへと具体的に合意を重ねていった。ここまで進んだところで、国民党が一つ要求を掲げた。それは、社会政策の縮小に被用者代表機関が実質的に抵抗できないよう、社会民主党系の労働組合代表がこの計画を裏書き・支持することだった。だが、組合の代表が裏書きを拒否した時、国民党はこれを交渉打ち切りの機会とした。

社会民主党全体に、はっきりとした安堵の声が挙がった。どのみち国民党に譲歩しすぎであり、今や真の社会民主主義プログラムを推進する時だ、という声が高まり、社会民主党の戦略家たちはクライスキーの範に倣い、少数派政府を思い描いた。しかし、そうした作戦を社会民主党の首脳部が練っている間に、シュッセルとハイダーは驚くべき速さで自分たちの政権計画に合意し、二〇〇〇年一月には、既成事実を連邦大統領と、あっけにとられる世論とに突き付けた。クレスティル［大統領］は、大連立の継続願望を隠そうともせず、いやいやながら黒・青政府を認証した（この点は、後の緑党出身の大統領、ファン・デア・ベレンとは異なっていた）。これに先立ってクレスティルは、特に右派と思われた自由党の政治家二人を、大臣にふさわしくないとして拒否することすら行った。この行為もまた、彼の次々後継者［ファン・デア・ベレン］が二〇一七年にしなかったことだった。クレスティルが石のように堅い表情で認証をやりおえた貌はすべてのメディアに流れ、これはファン・デア・ベレンが二〇一七年に自由党に和やかに応対したのと正反対だった。最初から内政面で新政府に強い逆風が吹いたことは、二〇〇〇年二月四日に首相官邸に繰り出した無数のデモ隊によって示された。彼らはシュッセルとハイダーに反対する自分たちの思いを表明しようとした。だが、新しい大臣たちは、地下道を通って［認証のために首相官邸から、大統領府のある］ホーフブルクにたどり着いたことによって、この国民の意向表明をやり過ごした。

さらなる厄介がEUから降りかかった。EUはすでに政権発足前から、明白な右翼政党が政府の責任を負うことを自分たちに対する侮辱として受け止めることを表明していた。ハイダーは、自らが大臣になることを、避けていた。これはおそらく、事態がはっきりしない間、次の展開に柔軟に対応するためであり、万が一にも新連立が崩壊した場合、その責任を取らないためだったろう。だが、自由党の大臣たちがハイダーに政治的に左右されていることは、誰も疑わなかった。併せてはっきりしたことは、自由党の人材、ことに大臣級の人材がとりわけ乏しいことだった。新法務大臣は、すでに就任二四日後に辞任せざるを得なかった。明らかに彼にはその職掌が重すぎた。耳目を引いたのはただ、公用車に豪華な車を注文したり、さらに、美人コンテストの元優勝者と醜聞とも言うべき関係を持ったりしたことだけだった。その上、新社会大臣となった女性の信頼性が揺らいだ。彼女が、第二次世界大戦中にユダヤ人がいなくなったことを問われ、ほとんど悪意を感じさせる浅はかな反問を発した時である。ユダヤ人たちは、いったいどこに行ってしまったのでしょうね、と。

EUは即座に対応した。オーストリアに制裁が課され、同国と他の加盟国との相互交流は実務者レベルにまで引き下げられた。オーストリアの大臣は接受されず、外国の同僚が訪問することもなかった。科学・文化プログラムですら、目に見える制限が行われた。国民党と自由党は、お定まりの対抗戦略に訴え、国内では「外国の陰謀」が語られた。その際、この制裁の責任を社会民主党に押し付けることを怠らなかった。設けられた口実は、社会民主党が「故国を悪ざまに言う者」として、ＥＵに対しオーストリア全体を中傷した、というものだった。この主張の裏付けは、この時点でＥＵ加盟国のうち九ヶ国が社会民主党政権下にある、という事情だった。だが、その際に故意に無視されたのは、自由主義ないし保守の政権の諸国も制裁決議を支持したことだった。実際、政府は自国全体を人質に取ることに成功した。中でも社会民主党は、根本的な問題性を積極的にテーマとするのではなく、ＥＵの対応に対するあらゆる責任を我が身から振り払うのみだった。

おまけに社会民主党は、失速状態に陥った。それは、ヴィクトール・クリマに国会野党の党首を務めるつもりのないことがはっきりした時だった。彼はフォルクスワーゲンの高給を食む職を受諾し、慌ただしくオーストリアを離れてアルゼンチンに向かった。あとには、打ちのめされて大きな不安を抱えた党を残していった。黒・青連立政権が、自分たちの考えに合わせて国を染め直そうとし始めたのに対し、社会民主党は自党にかかずらうばかりだった。右派社会民主主義者と認められたカール・シュレーゲルと左派の星と見られたカスパル・アイネムが、クリマの後継者として名乗りを挙げた。しかし、党の左右両派は互いに牽制しあった。そこで社会民主党首脳部は最終的に妥協策で一致し、ニーダーエスタライヒ出身の国会議員、アルフレート・グーゼンバウアーを新党首に担ぎ出した。ちょうど四〇歳という若さの故に、党を立て直して有望な野党政策を実行できると思われた。

シュッセル内閣はその間に「スピード上げて仕事をこなせ」の標語を掲げ、まさに不意打ちのように数多くの社会保障削減を敢行した。たとえば障碍者の早期年金廃止、長期失業者に対する労働奉仕に似た制度導入の予告、年金支給開始年齢の大幅引き上げ、兵役忌避者代替労働義務の機会縮小だった。慈善事業組織への財政支援が縮小され、さらに、いまだ十分注目に値する国有経済部門を包括的に民営化するプログラムが実施された。これは数多くの職場喪失だけでなく、賃金削減を招いた。同時に政府は、オーストリアで五〇年このかた確立されてきた社会的パートナーシップへの攻勢を開始した。目的は、勤労者の利益代表である労働組合及びそれと密接に連携した労働会議所を弱体化することだった。黒・青政権の反対者たちが、これに対処する手立ては少なかった。二〇〇〇年二月一九日には約三〇万人が「人種差別反対、社会保障解体反対」のスローガンを掲げてデモに参加し、その後何ヶ月も毎週木曜日にウィーン中を練り歩いた。だが、連立政権はそうした示威にも、また国際的な孤立にも煩わされなかった。

そのような政府の活動を国会が批判しても、シュッセル内閣は、どこ吹く風の態だった。たとえば社会民主党の新党首、グーゼンバウアーが、新政府の下ですべてのもの――医療、住居、自動車関連、電気、各種料金――が高騰する一方、賃金・年金は同時期に削減されたことを指摘したのに対し、政府は言明した。野党や専門家がどのような論拠を持ち出そうとも、政府にはどうでもよいことで、政府は自らが定めた路線を外れることはない、と。実際、国民党と自由党の国会議員は、シュッセルが提示するものをすべて、まったく無批判に承諾するばかりだった。オーストリア国会は、国内の権力者に拍手を送るだけの機関に過ぎなかった。その上、シュッセルとその取り巻きたちは、自分たちが全国民の本来の代表である、と主張してはばからなかった。したがって、自らの政策に対するいかなる抗議も、オーストリアの利益を損なうものである、とレッテルを貼った。この戦略は、ファシズムのイデオロギーがかつて展開した「国民共同体」Volksgemeinschaft という観念との類似性の故に憂慮すべきものだった。その上、EUの制裁は引き続き有効だったので、政府はさらに反論に全力を尽くした。政府は、異議申し立てを「外国から操作された」ものとして誹謗し、自分たちの行為に対する批判を、いわば国家反逆罪の域にまで高めた。

これに呼応して、当初、政府を懐疑的に眺めていた少なからざる市民たちが、まずは新内閣に支持を表明した。だが、次々と打ち出される大幅な削減（たとえば住宅建設補助金削減）や、とりわけ（公的健康保険とは別に）導入された外来診療手数料によって、新政策への賛同は急速に冷めて行った。国民、自由両党の支持層は同質ではなかったが、社会保障の削減に対する不満は、主に自由党で大きかった。同党は最初の試練となった二〇〇〇年一〇月のシュタイアマルク州議会選挙で酷い報いを受けた。二〇〇一年初頭のウィーン市議会選挙における敗北は、さらに劇的だった。ウィーンの社会民主党に再び過半数がもたらされ、ハイダーは、自分の運動が国民党に縛られて死に至るのではないか、と深刻に考え始め、その可能性を公の場で認めねばならなかった。

さらに二〇〇〇年の秋にEUによる制裁が中止されたことは、黒・青連立政権にとって都合が悪かった。この中止によって、政権の採用する諸措置を擁護するため、対外的団結に訴えることができなくなったからである。また、自由党閣僚が幾人も辞任し、その代替を急がねばならなかった。だが、入れ替わりがあっても、人選は必ずしも適切と言えなかった。たとえば、新しい女性運輸大臣が主に注目を集めたのは、ミニスカートとハイヒールを禁止する省内訓令だった。シュッセルは自由党出身の財務大臣［グラサー］とともに、財政赤字ゼロを早急に実現することを政治の主要目標に掲げた。そのため、公的財政で新規借款を以後容認しないことが決議された。これを実現するため、社会保障分野の新たな削減とともに、さらなる民営化攻勢が開始された。たとえば連邦所有の住宅は売却されることになり、この措置は、一五年後に裁判沙汰となる。

ハイダーの率いる自由党の支持者たちにとって、新政策は喜ばしいものではなかった。不満はじきに党内で聞き捨てならないものになった。そこでハイダー自ら、連立政権の内々の交渉に乗り出し、シュッセル首相と税制改革について合意した。それは、とりわけ勤労者の負担を減らすはずだった。しかし、二〇〇二年夏の大規模水害によって臨時の財政支出を余儀なくされ、シュッセルが税制改革を中止したために、自由党の一般党員たちは、自分たちの政権に反対して激しい抗議を繰り広げた。

自由党の右派は、臨時党大会開催要求に十分な署名を集めた。これに対し、自由党の閣僚たちはハイダーの軛から逃れようとして、もし本当に臨時党大会が召集されるなら、自分たちは全員辞任すると脅した。署名者たちは二〇〇二年九月四日、シュタイアマルク州のクニッテルフェルトに集まった。こうした活動家たちと直接に繋がるハイダーは、同調者の一人に頼んだ。黒・青連立の基礎をなす合意書の内容を口頭で否認 verbal zerreißen するように、と。だが、この同調者は、依頼を文字通り［zerreißen ＝破棄］に受け取り、合意書を集会参加者の面前で破り捨てた。そこで女性副首相で、当時名目的に自由党党首だったリース＝パサーや財務大臣グラサー、議員団団長ヴェステンターラーは、それぞれの職を辞し、また記者会見でこのことを公にした。ハイダーはまだ、シュッセルと新たな連立協定を交渉できる、と考えていたが（一九八六年に開催されたインスブルック党大会後の戦略の再現）、後者はすぐに先手を打ち、連立終了を告げた。新たな選挙が、オーストリアの今後の進路を決めることになった。

シュッセルの早いテンポは、政界の競争者全員の不意を突いた。社会党も緑党も、前倒しの新たな選挙の可能性を予測していなかった。自由党は、ハイダーの古くからの手下であるライヒホルトがリース＝パサーと交代して党首に就いたことで、どのみち深刻な危機の渦中にあった。そのうえ、シュッセルは不意打ちによって、当時まだ非常に人気の高かった財務大臣、グラサーを取り込むことに成功した。これはシュッセルに追加の票をもたらすはずだった。一方、他の諸政党は、やっとの思いで選挙戦モードを整えねばならなかった。

それにしても、選挙における国民党の勝ち振りが人々を驚かせた。一九六六年以来初めて、国民党は再び第一党となり、しかも断トツだった。自由党に失望して党に距離を置いた有権者は事実上皆、国民党に投票し、同党は一五％増加して四二％の票を獲得した。これに対し、社会党と緑党の増加はそこそこに止まり［三・三六％と二・〇七％の増加］、自由党は前回の二七％から今や一〇％ちょうどに転落した。したがって選挙で分かったのは、ヴォルフガング・シュッセルだけが勝者だったことである。

だがそれでも彼は、自分の首相職を続行するために連立の相手を必要とした。自由党は、直近の出来事と、それによって生じた両党間の険悪な雰囲気のために、第一の選択肢とは思われなかった。まったく驚いたことに、この選択肢に緑党が名乗りを挙げた。党首のファン・デア・ベレンは、社会保障の大幅削減という保守の政策に与することに、イデオロギー上の不安を覚えた様子も見せず、シュッセルとの連立交渉を野心満々に始めた。結局、黒・緑政権が樹立されなかったのはもっぱら、緑党の首脳部が、原則に忠実な一般党員の反対を押し切ってまで、自らの意向を通すことができなかったからである。だが、この交渉に費やされた時間は十分に長く、その間に自由党との対話の空気が改善し、ついに二〇〇三年二月に第二次シュッセル内閣は新版の黒・青連立となった。

ただし、自由党が選挙で得票を大きく減らしたことを考えれば、同党は、今や大幅に減少した閣僚ポスト（法務、社会、運輸）に満足せざるを得なかった。内政で自由党は、シュッセルが率いる国民党のためにかばん持ちをするのがせいぜいだった。国民党はその歴史において初めて、共和国の中枢機能（連邦大統領、国民議会議長、首相）をすべて自らに集約した。

ただ、シュッセルが自分の後継者に選んだと思われた財務大臣、グラサーは、徐々に不利な立場に陥った。最初の変調が耳目を引いたのは、グラサーがホームページを作成するために約三〇万ユーロを費やした、と噂された時だった。このことは、当該の出費が別の用途に流用された疑惑を生んだ。その後しばらくして評判になったのは、グラサーがセイシェルの休暇旅行費用を第三者に支払わせたこと、さらに「スポーツカーの」ポルシェ・カイエンを贈り物として受け取ったことで、二例とも「献金者」が大臣との交友を通じて金銭的な利益を享受していた。だが、本当に大規模なスキャンダルは、グラサーの任期終了後に初めて公になる。新版の黒・青連立政権は、もはや厳しい批判に遭遇しなかったとは言え、手放しの支持を享受することもなく、人々からは間に合わせ内閣だと見なされた。どのみち自由党は、三つの大臣職を手中にしているだけだったが、同党の陣営における人事のメリーゴーラウンドは勢いよく回り続けた。すでに新内閣の認証から僅か数ヶ月後、自由党党首、ライヒホルトの後継者で副首相のヘルベルト・ハウプトが、まずは副首相を解任され、僅かして自由党党首としても解任された。さらに数ヶ月して、自由党の法務大臣もまた内閣を去った。

政治的なムードは、もうはるか以前に政権与党に不利になっていた。これが初めて明らかになったのは、二〇〇四年三月に行われたザルツブルク州議会選挙の時で、社会民主党が歴史上初めて、この州で第一党の地位を奪った。イェルク・ハイダーは同時期にケルンテンで自党の得票率を維持できたものの、ここでも社会民主党が特筆に値する得票率増加を果たした。一方、シュッセルの国民党は、二つの州で大きく票を失った。一ヶ月後、社会民主党候補、ハインツ・フィシャーが、前任者の任期満了に伴って行われた大統領選挙で、票の過半数を獲得して勝利した。しかし、彼の宣誓は、華やかさに欠ける雰囲気で行われた。というのは、二日前に直前の大統領であるトーマス・クレスティルが、まったく驚いたことに享年七一歳で亡くなったからである。ところでシュッセル自身は、連立相手の混乱を傍観するだけで、ますますメディアにも顔を出さなくなった。すぐに彼には「だんまり首相」の名が奉られた。この間に自由党では、一般党員の気に入らない、国民党との強制結婚への嫌悪が再び広がった。今回はハイダー自身が、活動家たちの批判に遭遇した。そこでハイダーは二〇〇五年初め、窮余の一策として、関係者全員が驚く中で自由党を離党し、「自由党所属の」政府閣僚や大多数の国会議員とともに「同盟未来オーストリア」ＢＺÖという新たな運動を立ち上げて、オレンジ色をシンボルカラーに選んだ。これは直前にウクライナで、大規模な抗議によって政権の座に就いた勢力から借用したものだった。この行動は、自由党の一般党員にとって寝耳に水の出来事であり、旧陣営にかろうじて残ったのは、二人の国会議員と一握りの地方政治家だけだった。彼らは全力を傾注して、何とか自由党を政治的・財政的破綻から護ることに成功した。旧自由党の新党首にはハインツ・クリスチャン・シュトラッへがなった。イェルク・ハイダーはＢＺÖのトップに就き、そのＢＺÖは［連立］政府にもそのまま留まったのに対し、踏みとどまった二人の自由党国会議員は野党に転じた。もちろん、この戦略転換が政府の凋落を食い止めることはできなかった。二〇〇五年秋、ウィーンの社会民主党は、［市議会の］過半数を見事に防衛し、おまけに同党は、国民党からシュタイアマルク州も獲得した。これによって史上初めて、国民党と同じ数の州首相を擁した。特徴的だったのは、イェルク・ハイダー率いるＢＺÖの挫折であり、ウィーンでかろうじて一・二％を獲得したのに対し、自由党はともかくも一五％弱の得票率を残すことができた。他方、シュタイアマルク州では党分裂が災いして、二つのグループはともに州議会進出を果たせなかった。

しかしながら、もう一つ別のこともシュタイアマルク州議会選挙で注目された。共産党がほぼ四〇年ぶりに、再び州議会の議席獲得に成功したことだった。同州の共産党は、カリスマ性を持ったグラーツ市議会議員、エルネスト・カルテンエッガーを軸に集まり、オーストリア南部で社会の関心事を代弁する地位に説得力を持って就いた。共産党はすでに二〇〇三年のグラーツ市議会選挙で、二一％弱の票を獲得していた。左翼の政策は、信頼するに足るやり方で推進されるだけで、オーストリアでも成功を収められることが示されていた。しかし、何といっても人材不足のせいで、そうした成功はシュタイアマルク州以外では見られなかった。

任期満了に伴う新たな国民議会選挙が二〇〇六年に控えていたが、同年初めには、状況全般が社会民主党の勝利を予示しているようだった。国民党は「ほら、我が国はうまくいっています」というスローガンを掲げて、現状肯定的な気分を広めようとしたが、現実に照らせば、そのような呼びかけはせいぜい人目を引いたものの、同時に冷笑も誘った。グーゼンバウアーはこの間に、野党党首として調子を整え、社会民主党が勝利した暁には、社会保障のもっとも大幅に削減された部分を回復することを公約した。具体的には、黒・青政権が導入した授業料を廃止し、費用の掛からない高等学校教育を再び可能にすること、年金制度の改悪を取り消すこと、を約束した。グーゼンバウアーはとりわけ、あまりに高額になると思われる迎撃戦闘機の注文をキャンセルすることを約した。これは、シュッセル内閣が威信をかけたプロジェクトだった。

ところが突然に、社会民主党の選挙キャンペーンは失速状態に陥った。それは二〇〇六年三月、労働組合の銀行であるＢＡＷＡＧが、オーストリア労働総同盟議長の黙認の下で、非常にリスクの高い投機取引を行っていたことが明るみに出た時のことである。この取引から総同盟には何十億ユーロという損失が生じ、これをシュッセル首相とグラサー財務相がメディアに大々的に言いふらした。総同盟は新指導部の下で破産を回避することに成功したが、そのためにいくつか虎の子の組合資産を投げ売りしなければならなかった。その際、ＢＡＷＡＧそのものが、こともあろうに某米国投資ファンドに売却されたことは、当然のことながら左翼の間で理解を得られなかった。実際、世論調査でこれまで二年間にわたり一位だった社会民主党は、再び国民党の後塵を拝した。グーゼンバウアーはこうした状況に、ＬＩＦの生き残りの部分と連携することで対応しようとしたが、まさしくそれが党内の批判を浴びた。二つの党は、イデオロギー的に一致などしておらず、はるかに遠くかけ離れていたからである。おまけにＬＩＦは、もはや票を集められる運動ではなかった。他方、シュッセルは相変わらず選挙戦の表に立たず、どのみち自分の挙げた業績がものをいうだろう、という彼の肚が露骨に見えたので、結局のところ、社会民主党は再度、世論調査で逆転の勢いに乗った。

自由党が元々のスローガンに成功を賭けたのに対し、ＢＺÖにはオーストリアの政党状況の中で、自分たちを党として確立することの難しさがすぐにはっきりした。元自由党国会議員団長、ペーター・ヴェステンターラーが［ＢＺÖの］筆頭候補に選ばれた。ところが、ケルンテン州のＢＺÖは、独自の候補者リスト名で登場した。同州におけるイェルク・ハイダー人気にあやかるためだった。このやり方は、オーストリアの法に違反していた。選挙に打って出る政党は、全国的に同じ候補者リスト名で登場しなければならなかったからである。そうでなければ、当然、出馬する選挙グループが二つ存在することになった。憲法裁判所はかつて一度、この理由で選挙結果を無効にしていた。もし告訴する人間がいれば、憲法裁判所はおそらく、二〇〇六年にも同じように判断していただろう。だが、グーゼンバウアーが裁判に訴えることをためらったため、「二つ」のＢＺÖが全国で四・一一％を得票し、かろうじて国民議会進出を果たした。グーゼンバウアーは、三五％

の得票率を挙げて勝者ではあったけれども、先述の躊躇のために初めから不利な出発点に立たされた。もしBZÖが議席を得ていなければ、赤・緑連立が過半数をわずかに上回っていたはずで、グーゼンバウアーには、再び赤・黒の連立を採用しなくても複数の連立の可能性が残されていたことだろう。けれども二つの（かつての）大政党［の連立］だけが、新会期の国民議会で過半数の議席を擁していたので、国民党はグーゼンバウアー内閣への入閣を高価に売りつけた。グーゼンバウアーはと言えば、選挙公約をすべて撤回せざるを得ず、それによって、支持した有権者に最初から「変節漢」、「出来損ない」、「政治的裏切り者」と見なされた。

シュッセルはまたしても最後の最後まで、票を失ったとしても第一党を維持できるだろう、と考えていたので、この選挙結果を見て、自分に唯一残った結論を引き出さねばならなかった。つまり、彼は一二年ほど務めた国民党党首を辞任した。その際、彼が全力を傾けたのは、財務大臣のグラサーを自分の後継者に据えることだった。けれどもこの試みは、自党の役員たちの反対にあって挫折した。彼らはこの生え抜きではない人物を、彼が当事者だった数々のスキャンダルのために受け容れることができなかった。新しい国民党党首で同時に副首相は、これまで国民党議員団団長で元農業大臣のヴィルヘルム・モルテラーがなった。総じて国民党は重要な省をほぼすべて（内務、外務、財務、経済、科学、農業、厚生）手に入れたのに対し、社会民主党はメンツを保つだけの省で満足せざるを得なかった。このこともあって、グーゼンバウアーに党内の批判が集まった。その上、彼が自党の地方組織を［連立］交渉に参加させることを怠ったばかりに、さらに憤激を招いた。この軋轢は、シュタイアマルク州首相、ヴォーヴェスの記者会見の最中に顕わになった。彼は補佐官が、グーゼンバウアーさんからお電話です、と言ったのに対し、会見のマイクに向かってつぶやいた。やつの電話なんかに出るものか、と。

グーゼンバウアーは出発点で大きくつまずいただけでなく、幾多のへまな振る舞いで自分の状況を悪化させた。党が特に怒ったのは、グーゼンバウアーが自分の政策に対する批判を「いつもながらのあら捜し」と片づけた一言だった。この発言の場面は密かに撮影されていた。国民党も初めから、首相を立ち往生させることに力を入れたので、首相の政治生命の終わりが急速にはっきりと浮かび上がってきた。また、とりわけメディアが容赦なく首相をターゲットにした。そのきっかけは、色々おかしな「身なり」と、本人が思わず知らずに見せる滑稽な振る舞いだった（たとえば山歩きの時、きつすぎる半ズボンをはいて、腰に小さなウェスト・ポーチを付けたスタイルとか、EU委員会委員長、バローゾ Barroso と赤ワイン種のバローロ Barolo の混同とかである）。思わず知らず笑いがこみ上げると言えば、彼が大々的に推奨した『進むことで道は開ける』と題した、自分に関する本［グーゼンバウアーとのインタヴュー本］もそうだった。カバーに載った写真の彼は、なんとソファに腰かけたままであった。こうした「えっ」と思わせる事柄には、グーゼンバウアーの母親がテレビ番組で語った言葉もある。彼女は自慢げに述べた。うちの息子は、もう［子供を遊ばせる］砂箱の中で首相になりたいって言ってましたっけね、と。その後、意地悪な批評家は、グーゼンバウアーに「砂箱首相」の名を奉った。

社会民主党は実務面でも、新政府の業務に取り組めなかった。当たり前のこととも言えるが、同党の提案はすべて国民党から拒絶された。これらは、二〇〇〇年から二〇〇七年にかけての［国民党」政治の修正を意味したからである。グーゼンバウアーは首相として一年間を過ごしたが、何も成果を挙げられず、だんだんと連立の相手にとげとげしく接するようになった。これがさらに政権内の雰囲気を寒々としたものにした。

社会民主党はこの間に、グーゼンバウアーでは将来の見通しが立たないことを認めた。そこでグーゼンバウアーは、二〇〇八年の春に一種の宮廷革命で失脚し、これまで運輸大臣だったヴェルナー・ファイマンと交代した［ファイマンは当初、党首代理に就任］。ファイマンはグーゼンバウアーと同じく、社会主義青年団 Sozialistische Jugend 出身だが、そこでは穏健派を代表していた。これを見た国民党は慌てふためき、またしても連立協定の破棄を通告した。［連立から］僅か一年半後の二〇〇八年、オーストリアは再び選挙戦の只中にいた。

ファイマンは果敢に選挙戦に挑んだ。彼は連立協定に抵触しない分野を利用し、緑党や自由党と共同して多くの社会政策上の改善を実現した。たとえば介護給付金引き上げや授業料廃止、家族支援金増額、「ハックラ規定」延長である（俗語で労働者のことをハックラと言い、特定の条件が満たされれば、彼らが将来も引き続き、六〇歳で老齢年金を受け取れるようにした）。またファイマンは相続税、贈与税の再導入を支持した。これはとりわけ国民党の支持者に大きな影響を及ぼすはずだった。

選挙では、連立政権の両党が敗者だった。社会民主党は党史上初めて、得票率が三〇％を下回ったが、それでも国民党よりは多かった。国民党は、たった二六％を獲得しただけだった。自由党は、党が終わりだと思われてから僅か三年後に一八％弱を獲得して、ほぼ完全に回復したのに対し、緑党とハイダーのＢＺÖは、それぞれ約一〇％だった。ハイダーはＢＺÖがキャスティング・ボードを握ると考えて、ＢＺÖを加えた三党連立が可能だと考えた。ところが、選挙の数日後、ハイダーは交通事故で死亡し、ＢＺÖを混乱のままに残した。ＢＺÖは実質的にすべて、彼の作り物だった。実際、ＢＺÖは、それから政治的役割をまったく果たすことなく、次の選挙［二〇一三年］が終わって公の場からひっそりと姿を消した。

得票率の大幅な減少にショックを覚えた社会民主党と国民党は、二〇〇八年一一月、大連立を新たに結成することで合意した。その際、あたかもメンツを保つかのように、グーゼンバウアーだけでなく、モルテラーも忌避された。国民党の新党首はヨーゼフ・プレルで、ほぼ無限ともいえる権力を振るうニーダーエスタライヒ州首相の甥だった。

新政府が各部局の体制をやっと整えたところで、外からオーストリアを襲った乱気流が国を混乱に陥れた。すでに二〇〇七年以来、新しい経済危機の兆候がしきりに現れていたが、米国で不動産バブルの崩壊が始まった。二〇〇八年九月、米国の大［投資］銀行「リーマン・ブラザーズ」が破綻して、その影響がヨーロッパ経済に直接に波及した。多くのＥＵ加盟国が、当時の荒っぽい投機事業に巻き込まれていたことが判明した。銀行が次々と揺らぎ始め、多くの国が、自国にとって重要な銀行の緊急国有化や、税を使った不良債権の償却をしなければならなかった。「銀行救済」の掛け声が広まり、どのような色合いの政府であろうと、ほぼすべての政府が民間の損失を納税者の負担で国有化した。

オーストリアでこれに関連した最大の問題は、ケルンテン・ヒューポ・アルペ・アドリア銀行だった。同行は、とりわけ［当時のケルンテン州首相］イェルク・ハイダーの承認と、州議会の他の諸政党（社会民主党、国民党、緑党）の同意も得て、その巨大な投機損失を、まずは州の債務保証の下で償却することを許された。しかし、この債務はついに二五〇億ユーロ弱の規模になり、ケルンテン州財政の何倍にも達した。ヒューーポ銀行は、オーストリア連邦政府がまとめた「銀行救済パッケージ」の一環として二〇〇八年一二月、一〇億ユーロほどの支援を受けた。だが暫くして、この金額は、不健全な貸し出しの挙句、大量の債務によって首の回らなくなった銀行を、破産から救うにはまったく不十分であることがはっきりした。二〇〇九年一二月、ついに社会民主党と国民党は銀行の緊急国有化で一致したが、これは多くの専門家が近視眼的な措置だと考えた。銀行破綻の影響が及ぶのは、主としてその債権者であり、国民ではないはずだったが（オーストリアでは、一〇万ユーロまでの預金残高は保護される）、今や国民が、銀行の非常にリスクの大きな投機売買のしりぬぐいをしなければならなかった。実際には後に判明したことだが、共和国は銀行の所有者たちに騙されたのも同然だった。ヒューーポ銀行問題は底の抜けた樽のようになり、共和国はケルンテン州の破産を阻止するため、この破綻銀行に何十億ユーロという額を注ぎ込まねばならなかった。この銀行をめぐる事件は、その後五年にわたってオーストリア国内政治の緊迫を招き、ついに二〇一五年、議会独自の調査委員会が設けられるに至った。

ファイマン内閣がまだヒューーポ銀行の救済に取り組んでいる間に、ギリシアが、その存続に関わる金融危機に陥った。二〇〇九年に首相に選出された全ギリシア社会主義運動の党首、ヨルゴス・パパンドレウが、ある貯蓄銀行破綻の後に、自国の国家債務規模がＧＤＰの一三〇％に達する、と発表した。パパンドレウは、まずＩＭＦに救済を求めた。だが、ＩＭＦは拒否した。ギリシアは、ＥＵに救済を求めざるを得なかった。ＥＵは、ギリシアが細部に至るまで指示に従う、という条件付きで信用供与を約束した。パパンドレウは、ＥＵがギリシアの立て直しにあたり、代価として、国民全員の生存を危険に晒すほどの貧困を要求するつもりであることを知った時、彼は首相を辞任した（二〇一一年）。続く保守政権は、社会保障に大鉈を振るうことを、大して気にかけていないように見えた。

ギリシアの財政危機は、他のＥＵ加盟国の同様に深刻な経済問題と軌を一にしていた。そこでＥＵは「ユーロ圏救済基金[24]」を設立せざるを得ないことを認識した。アイルランドからポルトガルに至るまで、いくつもの経済が基金に駆け込まねばならなかった。こうした国々すべてに、厳格な健全化プログラムが課せられ、それにしたがって、債務は社会保障給付の最大限の削減により償却されねばならなかった。これに対して政治の次元では、ほとんど抵抗は起きなかった。オーストリア首相、ファイマンは、ヨーロッパの緊縮路線について、社会的側面を重視して微調整を唱えた数少ないヨーロッパ政治家の一人だったが、この考えに対し、ヨーロッパの社会民主主義者の間にすら有力な支持者を見出せなかった。そこでファイマンは、すぐに口をつぐんだ。

国内政治でもファイマンは引き続き、数々の重大な問題に直面した。富豪のフランク・シュトローナハは、従来オーストリアのサッカー界に関係していたが、自分の党を立ち上げて、オーストリアの政治風土を刷新する計画を立てた。これは、自分たちに将来性がないことを確信していた何人かのＢＺÖ所属の議員に、シュトローナハに鞍替えするきっかけを与えた。シュトローナハはシュトローナハで、いつ行われてもおかしくない新しい選挙がやって来る前に、国民議会で自前の会派を立ち上げることができた。彼はこの会派を、自分の名前を冠して「チーム・シュトローナハ」と名付けた。また、自由主義派も復活し、不満を抱える国民党政治家と、かつてのLIFの活動家とから成るNEOS（Das Neue Österreich）という名の新グループが形成された。NEOSにもまた同じように、新たに国民議会に進出する好機が訪れた。

この間に国民党では、新たな党首交代が行われていた。プレルは三年弱でギブアップし、外相のシュピンデルエガーと交代した。だが、党支持率が一向に改善しないにもかかわらず、当初、国民党は大きな変化を見せなかった。世論は、政治の根本からの転換を望んでいるように思われた。自前の党を使って政治に介入する大富豪たちは、とりわけ東ヨーロッパの類似の政治グループに見られたように、徐々にヨーロッパ的規模の現象となった。個人的に成功を収めたシュトローナハも、多くの者の目には既成政党を代替する人物と映った。しかし、テレビへの突拍子もない登場や、社会的に多数の賛同を集められそうにもない、たとえば死刑の再導入といった政治的意見によって、シュトローナハはすぐに傍流に追いやられた、二〇一三年の選挙で彼のチームは、かろうじて議会進出を果たしたが、いずれにしてもこの時点で、この風変わりな実業家は、すでに自分の始めた運動に興味を失っている様子だった。彼は二〇一三年の内にオーストリア政治から身を引き、「彼」の議員たちの身の振り方を彼ら自身に任せた。

社会民主党と国民党の議席は、国民議会選挙［二〇一三年］で初めて、二党を併せても一〇〇議席に満たず、この事態に直面してファイマンとシュピンデルエガーは、大連立の継続で速やかに一致した。シュピンデルエガーは、新内閣で財務大臣のポストを引き受け、外相を弱冠二七歳のセバスティアン・クルツに譲った。国民党は、自党の将来を彼に賭けた。だが党は、シュピンデルエガーのファイマンに対する敗北を赦さず、二〇一四年夏の党幹事会は、彼に替えて経済大臣のラインホルト・ミッタレーナーを、七年の内ですでに五番目の国民党党首に据えた。

社会民主党の得票率は二七％で、党は第一党の地位を守ったが、世論の同党支持があらゆるところで大きく後退していることは明らかだった。ファイマンは、ヒューポ銀行の他に「市町村信用銀行」Kommunalkredit を緊急に国有化しなければならなかった。彼は巨大なコストをかけた銀行救済によって多くの新たな負担を生み、いくつもの社会保障給付を廃止して、大衆課税を拡大していた。社会民主党は、そのためのコストだけでなく、自党による地方自治政治の不首尾の付けを、いくつもの州と州都で連続する選挙敗北によって支払った。こうした趨勢がとくに際立ったのは、シュタイアマルク州の州都グラーツで［二〇一二年］、共産党が社会民主党を追い越して市議会第二党に躍進した。したがって、ファイマンは党首として批判に晒されたが、オーストリア鉄道社長のクリスティアン・ケルンが［後継の］名乗りを挙げただけで、代わりの人物が見当たらず、さしあたりファイマンが党首に留まった。ただ、党首に再選された社会民主党大会［二〇一四年］で、ファイマンには非常に多くの不信任票［一六・一％］が投ぜられた。

オーストリア内政は、いまだヒューポ銀行スキャンダルの処理に追われていたが、その頃、かなり以前から深刻になっていた難民危機が、ヨーロッパ東部のいくつもの国境でエスカレートした。いわゆるバルカン・ルートでは、何千もの人々が足留めされていて、彼らは皆、飢餓、戦争、迫害から逃れてやって来て、ＥＵに保護を求めていた。二〇一五年九月、ダブリン協定の諸規定――これによれば、保護申請は、当事者がＥＵ諸国のうち最初に到着した国で行う――を、ドイツとオーストリアが運用停止し、もっと適切に保護申請者の流れを誘導しようとした。これは右派から厳しい批判を浴びた。しかし、ファイマンは譲らず、難民が人間にふさわしくない条件下で、これ以上長く野宿しなくてもすむように配慮をめぐらした。だが、困窮者たちを今後どう扱うべきか、という問題は、ドイツと同じく、オーストリアでも激しい論争を招いた。ファイマンはついに国民党と、さらには自党の右派にも譲歩して、必要な補強工事を行うことで国境警備をさらに厳しくすることに同意した。だが、防護柵と収容所の建設が終わる前に、すでに難民の流れは概ね細くなり、共和国は無駄な支出を行ったことになった。ファイマン自身は、ますます批判に晒され、彼と対立する者たちは、社会民主党が、彼の主導した二〇の選挙のうち一八で敗北を喫した、と非難を浴びせた。その際、反対者たちが意図的に無視したのは、こうした敗北のかなりの部分が、地方的な出来事に原因があったことである。たとえばザルツブルク州の社会民主党は、自党が支配する行政府が巨額の投機損失を出したために州首相職を失い、シュタイアマルク州の社会民主党は、選挙で勝利した［第一党を維持、得票率は減少］にもかかわらず、州首相職を自ら放棄した。しかし、そうした失敗は党首に押し付けられて、ファイマンは連邦大統領選挙で失地を回復することを期待した。二〇一六年には、人気のあった社会民主党の政治家、ハインツ・フィシャーが、二期の任期を満了して、もはや立候補できなかったので、社会民主党は、自党の社会大臣、ルードルフ・フントストルファーを後継として立候補させた。国民党からは、元国民議会議長、アンドレーアス・コルが指名された。自由党では、国民議会第三議長のノルベルト・ホーファーが、緑党では、同党の元党首、アレクサンダー・ファン・デア・ベレンが登場した。さらに元国民党の女性役員、イルムガルト・グリスも「無所属」で立候補し、候補者の中で唯一の女性として特色を出した。

世論調査ですぐに明らかになったのは、政権与党の候補者二人が、その対立候補者たちによって劣勢に追い込まれていることだった。さらには、政治上の激震とでも評すべきことが起きた。選挙でフントストルファーとコルの二人とも、一一％台の得票率を超えられず、共和国史上初めて、社会民主党と国民党の候補者がいない決選投票を行わねばならなかった。ファン・デア・ベレンは、低い得票率［二一％］だったものの、決選投票進出のための二位を確保した。一方、政治世論がショックを受けたのは、ホーファーに投じられた三五％だった。ファイマンは自党のこの無残な敗北を赦されず、彼は一週間後に行われた社会民主党の伝統的なメーデー行進で、ウィーンの活動家たちから容赦なくブーイングを浴びせられた。彼は責任を取って、数日後、自分のすべての役職から退いた。これは社会民主党にとって、まったく都合の悪いことになった。というのは、党はしばらく、新党首を探す時間の余裕を必要としたからである。この間に国民党党首のミッタレーナーが、代理として首相官邸を率いた。［社会民主党］党首にはクリスティアン・ケルンが担がれた。彼はすでに長らく、自らを首相職に売り込んでいた。こうしてケルンは首相官邸もあわせて引き継ぎ、多くの言葉を費やして「オーストリアのニューディール」とか、国のための「設計図Ａ」とかを宣伝したが、内容が伴わず、具体的に提案された措置は、ネオリベラル色が強くて、経済界に甘く、勤労者にひどく冷淡だった。

ファン・デア・ベレンは、この間に大統領選・決選投票のための選挙活動を、国民党支持者向けに絞った。それどころか、彼は国民党のカラーを、自分の選挙戦のために借用した。彼が前提としたのは、社会民主党と緑党の支持者は、どのみち自分に投票するのに対し、過半数の票を確保するためには保守の人々を必要とする、ということだった。緑党の元党首は、メディアの目を引くようにアルプス地方を遊説し、自分が祖国と結びついていることをアピールし、また、教会保守陣営が出したかと思わせるポスターを注文した。ファン・デア・ベレンは二〇一六年五月の決選投票で、ホーファーをほぼ三万票上回った。事前に商業会議所と産業連盟、さらに指導的な経済人たちも大々的に彼のために運動した。しかし、自由党は重箱の隅を楊枝でつつく様な理由で選挙結果に異議を唱え、その訴えが憲法裁判所から認められた。歴史上初めて、このように大きな影響力を持つ選挙を、全国的に繰り返さねばならなかった。

そこでファン・デア・ベレンの支持者たちは、自由党を往生際の悪い奴だと非難した。実際、ホーファーの陣営でも、二回目の投票後の自由党の振る舞いを良しとしない支持者が少なからずいた。再選挙でファン・デア・ベレンは、前回の投票よりもはっきりとした勝利を収め、五三・八％の得票で新オーストリア大統領に選ばれた。

9　新版の黒・青連立

　こうして政治体制はもう一度、僅かなダメージで終わったように思われたが、すぐに分かったことは、社会民主党と国民党が、とにもかくにも、もはや一緒にいられないし、いたくもない、ということだった。二〇一七年一月にケルンは、国民党の要望に応える多くの約束と大幅な譲歩によって、早期の連立終了を防ぐことに成功したものの、国民党党首、ミッタレーナーに対する党内のプレッシャーは弱まることがなかった。「チーム・シュトローナハ」の解体過程で、国民党は、この会派から多くの議員を獲得し、議席数で社会民主党に追いついていた。国民党と自由党を併せて過半数に達することから、少なからざる国民党活動家が、新版の黒・青連立に賛成し、セバスティアン・クルツこそ、この転換に必要な人物であり、彼は訴求力を持っている、と考えた。ミッタレーナーは神経をすり減らした挙句に諦めて、二〇一七年五月に役職を辞任した。これに伴いまたしても、オーストリア現代史で繰り返される前倒しの選挙が決まった。

クルツが短時日のうちに党を完全に改変し、さらには新しい党の色彩である碧青 Türkis を創案したやり方は、人々を驚かせたが、高い評価も受けた。ただこれは、クルツの具体的な政治行動によって裏付けられていたわけではない。むしろクルツが抜かりなく理解していたのは、自分の意向を曖昧にしたまま何も約束しないでおき、実際には誰もが、その都度好きなように彼の意図を忖度できる、ということだった。これに対し、［社会民主党の］ケルンの振る舞いは、初めぎくしゃくとしていて、そのうち徐々に、彼はお手上げになった。この手詰まり感は、クルツがあらゆる統治責任を引き受けないことを心得ていたために、ますます大きくなった。これに対し緑党と自由党は、大統領選の勢いを新しい選挙戦に持ち込めるのではないかと期待した。

ところがその後［二〇一七年］、緑党は党内問題に終始した。まず党は女性党首を失った。彼女は不意に政界を去ったのだった。次に、長年にわたり幹部活動家だったペーター・ピルツの名が緑党の候補者リストの当選圏に再び載らなかったため、彼は離党して、自前のグループを結成し選挙に臨んだ。同グループは当初、多くの者に新しい左翼運動の核になるのではないかと思われた。ピルツ自身、元はトロツキストだった。だが、同グループを構成した人々の共通性は、その思想に照らして、まったく曖昧模糊としており、間もなく、ごった煮の様相を呈して、これを繋ぎ止めたのは、ただ代表の人柄だけだった。

少し後に、社会民主党もまた失速状態に陥った。選挙戦を担当するチームの一つが行った「汚れたキャンペーン」[25]が判明した時である。このため、選挙戦［二〇一七年］の真最中に中央書記局長が辞任することになった。ただ、こうしたことがあったにもかかわらず、結局のところ注目されたのは、社会民主党が前回と同じ二七％弱の得票率を維持できたことだった。だが、党は第一党の地位を「碧青」国民党に明け渡し、国民党は三一・五％の得票率で、かなり明白に社会民主党を凌駕した。自由党は二六％で、僅かに社会民主党に及ばず、他方、ＮＥＯＳとピルツは、議席確保のハードル［得票率四％］をかろうじて飛び越えた。だが、緑党は、数ヶ月前にはファン・デア・ベレンと共に［大統領］選挙の輝くばかりの勝者だったが、前回の国民議会選挙に比べて九％ほど失い、三一年間、連続して議席を保持していたにもかかわらず、もはや議会進出はならなかった。

新政府がどんな具合になるか、選挙結果からほぼ分かっていたことだが、実際、国民党と自由党は短時日の内に新版の「黒・青」連立に合意した。二〇一七年一二月一八日、最初のクルツ内閣が、見るからに機嫌のよい大統領から認証された。その際、所管配分で注目されたのは、自由党が何よりも治安機関（内務省と国防省）の割り当てを受けたことである。これに対し、国民党は経済官庁を確保した。これは新たな連立政権の目標を、あらかじめ示していると思われる。国民党は、オーストリア産業とその願望の擁護者として名を成そうとするのに対し、自由党は、その中心テーマである「法と秩序」のカードを切ることができる手筈になっている。

10 終章

二〇一八年初頭には、オーストリアは軸足を右に置いた政府を擁し、その左で、政策的にも人的にも混乱したままの社会民主党が対峙している。NEOSは基本的に、社会民主党よりも国民党と密接に結びついており、「リスト・ピルツ」は、BZÖや「チーム・シュトローナハ」と同じように一過性に終わる恐れがある。共和国建国一〇〇周年の記念日を過ぎて、オーストリアは、これまで長い間なかったことだが、保守的で、過去に顔を向けた印象を与える。社会民主党が政治地図の左側で再生を遂げるのか、あるいは新しい社会運動が誕生して、オーストリアの地で進歩的な動向を再び創り出し得るのか、待ってみなければならない[26]。

訳者あとがき

アンドレーアス・ピットラーの『オーストリア現代史　1918―2018』を、ここにお届けする。原題は『オーストリアの歴史　一九一八年から今日まで』と、いたってシンプルであるが、内容は、一九一八年の第一共和国樹立から、その百周年にあたる二〇一八年までのオーストリア現代史である。そこで訳書のタイトルを、分かりやすく先のようにした。

訳者は一九九五年にリチャード・リケット『オーストリアの歴史』（成文社）の翻訳を上梓した。これはケルト人の住んでいた時代から、一九八〇年代までのオーストリアの歴史だった。その後読者からは、それ以降の現代オーストリアについても知りたい、という声が寄せられていて、訳者は、いつかそのようなものを出版できたら、という思いを持ち続けてきた。今回やっとその願いが叶い、ほっとしている。

本書は若干政治史に傾斜している印象はぬぐえないが、幅広く目配りされたオーストリア現代史の好著である。著者ピットラーは、ジャーナリスティックな筆さばきでエピソードを各所にうまく挿入しながら、多くの登場人物たちの風貌・性格を浮かび上がらせている。彼が本書でオーストリア現代史を整序する立場は、社会民主党左派ないし、もう少し左かと思われる。

ところで、著者ピットラーは本書の途中（八八ページ）で、自由党党首ハイダーが「固有のオーストリア・ネーションという考えはイデオロギー上の出来損ないである」と主張したことを紹介している。この内容は、オーストリア国家とオーストリア人の根幹に関わることであり、その辺りの事情を以下に少し詳しく紹介しておきたい。

一九一八年秋にオーストリア＝ハンガリー君主国が崩壊し、そこに暮らしていた諸民族（ドイツ系オーストリア人を除く他民族）は、自分たちの民族国家を樹立したり、すでに存在した同一民族の国家に加わったりした。取り残された「ドイツ人」は「残り物」（フランス首相、クレマンソーの言葉）の「ドイツオーストリア共和国」を樹立せざるを得なかった。共和国樹立直後から、自分たちは「ドイツ民族」の一員だから、ワイマール共和国のドイツと「合邦」すべきだ、という考えが広まった。だが、一九一九年の二つの講和条約（ヴェルサイユ条約とサン・ジェルマン条約）は、この「合邦」を禁じた。人々は自分たちのアイデンティティの確立に困難を覚えて、その後を過ごすことになる。自分たちがドイツ人であるという民族意識と、他方、強いられた国のオーストリア人としての国民意識との齟齬である。これを背景に「合邦」は、思想として、イデオロギーとして、その後も生き続けた。

ナチ・ドイツはこれを利用しながら、一九三八年にオーストリアとの「合邦」（＝占領）を軍事的に強行した。これでオーストリアは、国家として存在しなくなった。オーストリアの地の人々は「二流」ドイツ人として、ナチ・ドイツの戦時体制に組み込まれ、さまざまな苦難を経験することになる。一九四五年のドイツ敗戦を機に、カール・レンナーが主導して第二共和国が樹立された。(レンナーは、一九四五年四月に首相就任。同年末から死去する一九五〇年まで連邦大統領を務めた)。彼は一九四六年に次のように発言した。

私ども(unser Volk)は際だった個性、そして他のあらゆるフォルク(Volk)とは異なった個性をもっていますので、自分たちが独立したネーションであると宣言するのにふさわしく、また、その権利を有しています。言語共同体が我々とドイツのドイツ人とを結びつけていますが、これは障碍にはなりえません。スイスのドイツ語を話す人々にとっても、言語共同体がスイス人(=スイス・ネーション Schweizer Nation)を標榜する妨げになることはありません。(Karl Renner, 950 Jahre Österreich, Wien 1946, p.14)

レンナーの発言は、ドイツのドイツ人との言語的紐帯(=「民族的」共通性)を認めつつも、自分たちが独自の存在であることを宣言したものである。こうして、オーストリアが独自のネーション(民族・国民)であることが宣言された。

ここでネーションは、第二次大戦後のオーストリア的特殊性、つまり、民族的にはドイツとの同根意識を持ち続けながらも、ドイツ民族への帰属意識から解放された、独自の民族・国民を志向することを反映している。ネーションを「国民」とだけ言い換えては、この「民族」問題の微妙さが抜け落ちる恐れがある。レンナーの使うネーションは、オーストリア人としての固有の「民族性」と国民が重ねあわされたものと言える。彼は、オーストリアがいわゆる民族国家 nation-state だ、と言わんとしたとも考えられる。つまり、オーストリア人という「民族性」を持ったグループが集住する地理的範囲と、政治単位である国家の版図（＝国土）が一致した、という意味である（単一民族国家）。

だが、急いで付け加えねばならない。レンナーの意図は別にして、厳密に言えば、単一民族国家は必ずしもそのまま、一九四五年以降のオーストリアに当てはまったわけではない。そのオーストリアも複数の少数民族グループを抱えている。スロヴェニア人、クロアチア人、チェコ人、ハンガリー人等の伝統的少数民族グループと、戦後の高度成長の波に乗って移民としてやって来たセルヴィア人、トルコ人等の非伝統的少数民族グループである。彼らはネーション（＝国民あるいは公民）としてのオーストリア人であるとしても、ドイツとの同根を覚えるオーストリア人ではない。（母語としての言語使用で言えば、人口のほぼ一割が非ドイツ語人口である）。

そして当然のことながら、一九四五年以降、一片の宣言で先述のオーストリア・ネーション意識が醸成、確立されたわけではない。それから四半世紀が経過して、やっと一九六〇年代末になって、オーストリア固有のネーションが受け入れられた。つまり、それは、ドイツと区分されたオーストリア・ネーションが存在するか否か、という問いが政治の場で立てられなくなった、という意味である。マジョリティのオーストリア人は、一九四五年以降の第二共和国を共通の成功の歴史として経験し、その基礎の上にネーションの意識を醸成していった。

ただし、オーストリアでドイツ民族主義の残滓が消えたわけではない。それが完全に克服されたわけでもないことを示したのが、先に引用した、オーストリア・ネーションを否定するハイダーの言葉だったのである。私たちがオーストリアという国とその地の人々のことを考える時、覚えておいてよい大切なことだろう。

私たちの暮らすこの国では単一民族国家神話が根強く存在するけれども、実際には複数の民族が暮らしている。今後この状況は、ますます顕著となろう。多様な民族が共存する社会を考える時、我々にとってオーストリアの歴史は、とても興味深いものと言える。

なお、**著者A・ピットラー**は、歴史家、作家。一九六四年、ウィーンに生まれる。歴史学と政治学を学び、博士号を取得。数多くの伝記、歴史書の他、歴史小説、推理小説も発表している（オーストリアのベストセラー・リストに頻繁に名が挙がる）。

謝辞　まずは本書の出版に当たり、さまざまにご配慮くださった恩師、水田洋先生に深く感謝を申し上げる。そして出版のご支援をいただいたパピ・ロッサ出版のグレン・イェーガー氏と成文社の南里功氏にも改めて御礼申し上げたい。ありがとうございました。

略号一覧（本文中で複数回使用されるもののみ）

ＢＡＷＡＧ：Bank für Arbeit und Wirtschaft AG（労働経済銀行株式会社）。一九二二年にカール・レンナーが設立した「労働者銀行」の後身。一九六三年にＢＡＷＡＧに改称。二〇〇五年に郵貯銀行と合併して、現在の名は BAWAG P.S.K.

ＢＢＡ：Bajuwarische Befreiungsarmee（バイエルン解放軍）。一九九三年から九五年にかけてオーストリアで起きた爆弾テロ実行犯の自称。

ＢＺÖ：Bündnis Zukunft Österreich（同盟未来オーストリア）。二〇〇五年にイェルク・ハイダーが自由党を離党して立ち上げた政党の名。

ＤＤＲ：Deutsche Demokratische Republik（ドイツ民主共和国）。いわゆる旧東ドイツの国名。

ＬＩＦ：Liberales Forum（自由主義フォーラム）。一九九三年、自由党から分裂して結成された政党の名。

ＮＥＯＳ：Das Neue Österreich（新オーストリア）。二〇一二年に設立された自由主義派の政党。二〇一四年に上記ＬＩＦと合同して、Das Neue Österreich und Liberales Forum と称する。略称はＮＥＯＳ。

ＰＬＯ：Palestine Liberation Organization（パレスチナ解放機構）。

ＶÖＥＳＴ：Vereinigte Österreichische Eisen- und Stahlwerke AG（合同オーストリア製鉄・製鋼株式

会社、フェスト)。

ＷｄＵ：Wahlpartei der Unabhängigen（独立者の選挙党）。自由党の前身の政党。

文献リスト

Angerer, Ulrich: Trotzkismus in Österreich, Wien 1996;
Baier, Walter: Das kurze Jahrhundert. KPÖ 1918-2008, Wien 2008;
Berger, Peter: Kurze Geschichte Österreichs in 20. Jahrhundert, Wien 2008;
Bruckmüller, Ernst: Sozialgeschichte Österreichs, Wien 2001;
Chorherr, Thomas: Eine kurze Geschichte der ÖVP, Wien 2005;
Chorherr, Thomas: Kurze Geschichte der 2. Republik, Wien 2013;
Fischer, Heinz: Die Kreisky-Jahre, Wien 1993;
Fischer, Heinz: 100 Jahre Republik, Wien 2018;
Hanisch, Ernst: Der lange Schatten des Staates, Wien 1994;
Horvath, Elisabeth: Heinz Fischer, Wien 2009;
Kalt, Hans: Das Finanzkapital in Österreich, Wien 1985;
Kreisky, Bruno: Zwischen den Zeiten, Berlin 1986;
Kreisky, Bruno: Im Strom der Politik, Berlin 1988;
Mattl, Siegfried: Das 20. Jahrhundert, Wien 2000;
Pelinka, Peter: Eine kurze Geschichte der SPÖ, Wien 2005;

Petritsch, Wolfgang: Bruno Kreisky, St. Pölten 2011;
Pittler, Andreas: Bruno Kreisky, Reinbek bei Hamburg 1996;
Pittler, Andreas/Verdel, Helena: Von Ötzi bis Big Bruno, Wien 1999;
Pittler, Andreas: Alfred Gusenbauer, Wien 2000;
Pittler, Andreas: Theodor Körner, Wien 2012;
Pruckner, Othmar: Eine kurze Geschichte der Grünen, Wien 2005;
Scheuch, Manfred: Österreich im 20. Jahrhundert, Wien 2000;
Talos, Emmerich/Neugebauer, Wolfgang: NS-Herrschaft in Österreich, Wien 2000;
Talos, Emmerich/Neugebauer, Wolfgang: Austrofaschismus, Wien 2005;
Talos, Emmerich: Schwarz-Blau. Eine Bilanz, Wien 2006;
Vajda, Stephan: Felix Austria, Wien 1980;
Vocelka, Karl: Österreichische Geschichte, München 2005;
Weinzierl, Erika/Skalnik, Kurt: Österreich 1918-1938, Graz 1983; and
Zöllner, Erich: Geschichte Österreichs, Wien 1990.

訳者による若干の補遺

ジェラヴィッチ、バーバラ　矢田俊隆訳『近代オーストリアの歴史と文化　ハプスブルク帝国とオーストリア共和国』山川出版社　一九九四。第II部及び訳者矢田による補遺を参照。一九九〇年代初頭までの共和国史をカバーする。

ナスコ、ジークフリート　青山孝徳訳『カール・レンナー　1870-1950』成文社　二〇一五。共和国と伴走したレンナー（第一共和国の初代首相、第二共和国の初代首相・大統領）を通して見た一九五〇年までの共和国史。

増谷英樹及び古田善文『図説　オーストリアの歴史』河出書房新社　二〇一一。第八章以下で二〇〇八年までの共和国史が扱われる。

矢田俊隆及び田口晃『オーストリア・スイス現代史』山川出版社　一九八九（一版二刷）。オーストリア編II章からVI章までがオーストリア共和国の歴史を扱う。クライスキー後のジーノヴァツ政権成立（一九八三年）までが扱われる。

訳注

(1)八〇〇年のカール大帝戴冠以来、一八〇六年まで断続的に続いた神聖ローマ帝国皇帝のことで、一四三八年のアルブレヒト二世以来、一八〇六年までハープスブルク家が、ほぼ全期間にわたり世襲した。

(2)オペラ座近く、ケルントナー通りとケルントナーリングの交差するところ。市民の待ち合わせ場所でもあった。

(3)一九一九年の講和会議におけるフランス首相、クレマンソーの言葉。

(4) 本書で Bürgertum あるいは Bourgoisie を、ブルジョア層と訳している。厳密な意味で資本家階級を指すのではなく、社会民主党勢力に対抗する、その他の社会グループ（工場経営者、商店主、小手工業者、農民等）を包含した社会層の意味である。

(5)一九一八年の共和国樹立から一九三八年のドイツとの合邦までであれば、二〇年であり、一九三三年のドルフースによる議会排除、独裁体制確立までであれば、一五年となる。ここでは、後者の意味であろうか？　ただし、この場合、一九一八年から一九二〇年まで社会民主党は連立に参加していた。そして、連立離脱の一九二〇年から一五年ということになると、「緑のファシズム」下の一九三五年には、エポックメイキングな出来事が見当たらない。

(6)ザイペルは優位を確かなものにするため、選挙後の組閣で農村同盟の一人を入閣させた。

(7)この表現は、社会民主党が何もできなかったかのような印象を与える点で、ミスリーディングである、と言わざるを得ない。党は、実務者であるローベルト・ダネベルクを交渉者に任命して、時の首相、ヨハン・ショーバーと交渉を行った。民主主義排除に全力を注ぐ右派を背にしたショーバーを相手に、この時点では、かろうじて民主主義の崩壊を食い止めた。ただ、一九三三年の議会排除と民主主義崩壊、その後のオーストロファシズム登場を阻止し得たわけではなかった。

(8)筆者、ピットラーが、与野党の区分をどのようにしているかは不明である。一九三〇年の国民議会選挙で、社会民主党が七二議席、キリスト教社会党が六六議席、ショーバー・ブロックと呼ばれた大ドイツ民族党と農村同盟が、それぞれ一〇議席と九議席、ハイマート・ブロックという名の、ハイムヴェールの党が八議席を獲得した。選挙後の内閣では、キリスト教社会党とショーバー・ブロックが連立を組んだので、両者の議席は、単純に足せば八五議席だった。

(9)インタヴューは、一九三八年四月三日の『新ウィーン日報』紙 Neues Wiener Tagblatt に掲載された。なお同紙は一八六七年創刊の、ウィーンで最大部数を誇った保守系新聞で、一九三八年三月のドイツ軍侵攻直後にナチの支配下に置かれた。

(10)この冊子は『ドイツオーストリア共和国樹立と合邦、ズデーテンドイツ人　権利のための闘いの記録　ドクター・カール・レンナー編集、序文、解説』と題するもので、見本刷りに留まり、当時、刊行されなかった(序文日付は、一九三八年一一月一日)。したがって「評判を落とした」のは、執筆当時のことではないので、この箇所はミスリーディングである。アントーン・ペリンカの説明を引く。「レンナーがこれを著した事実は、長い間埋もれていた。レンナーが諸手を挙げてヒトラーやチェインバリン、ダラディエ、ムッソリーニを賞賛したこと、ならびに『ミュンヘン精神』をまったく無批判に是認したことは、一九四五年以降、当初、オーストリア共産党に所属するか、あるいは党に近い著作家たちが問題にしただけだった。その後徐々に［共産党による社会党の］党派攻撃の枠を越えて、レンナーの当該の著作は、より幅広い一般の人々による論議の的となった」（ペリンカ　青山孝徳訳『カール・レンナー入門』成文社　二〇二〇年、七五～七六ページ）。なお、レンナーは一九五〇年に死去した。

また著者、ピットラーは、レンナーがこの冊子の中で「ズデーテンラントの占領――半年後に実現する――を要求した」と述べるが、この不正確な記述に関しても事実関係を明らかにしておく。ズデーテンラントの、チェコからドイツへの「割譲」を定めたミュンヘン協定は、一九三八年九月末に締結され、ドイツによる同地占領は、間を置くことなく開始された。レンナーは当該の冊子で、この既成事実を「追認」したのであり、「要求」したのではない。レンナーは、第一次世界大戦後のサン・ジェルマン講和会議（一九一九年）でオーストリア講和代表団団長として、民族自決原理に則り、ドイツオーストリアにズデーテンラントが含められることを要求したが、戦勝国はこれを認めなかった。レンナーにとって、民主主義者の自分に許されなかったことがヒトラーには認められた、ということになる。しかし、レンナーは、民族自決の原理を基に、この事態を容認した。なお、ミュンヘン協定から六ヶ月後の一九三九年三月、チェコスロヴァキア全体が解体された。

(11)「建国神話」だ、という著者、ピットラーの主張に対し、もう少し慎重なアントーン・ペリンカの見解（一九八九年）を紹介しておこう（前掲『カール・レンナー入門』八〇ページ及び八二ページ）。ペリンカは述べる。レンナーは知っていたに違いない。トロツキーがソ連で一貫して体制の最大の敵であると見なされていたこと、トロツキーとのどのような親密な関係も（たとえそれが過去のものであっても）

命に関わるものだったこと、スターリンの党内最大の敵と個人的な知り合いであることを引き合いに出すことは、為にならないだろうこと、である。それにもかかわらず、レンナーはトロツキーを引き合いに出した。純朴だったのか、それとも狡猾だったのだろうか？　……スターリンがどう反応したか、それについて直接の資料は存在しない。レンナーはスターリンにとって、当然のことながら未知の人物ではなかった。……スターリンは当然、レーニンがとりわけ一九一八年以降、繰り返しレンナーを論難していたことも知っていた。スターリンはおそらく、レンナーが一九三八年に『新ウィーン日報』紙で行ったインタヴューもまた知っていたことだろう。……スターリンにとってレンナーは右派の代表者であり、スターリンの目には「社会ファシスト」と命名された社会民主主義者のうち、特に日和見主義的な路線を代表する者と映ったに違いない。それでも一九四五年五月一二日、つまり、オーストリア独立宣言が出されてからほぼ二週間後、スターリンの返書がレンナーに手渡された。「オーストリア首相閣下　カール・レンナー殿」と宛名書きされていた、と。

(12)正確には、イタリア方面第一イゾンツォ軍参謀長だった。

(13)ショッテントーアにある市電の地上・地下二層の乗降場。上から見ると平鍋（ラインドル）のように見える。

(14)オペラ座からカールス広場方面に通じる地下道で、洞窟（グロッテ）に見立てた表現。

(15)ナチ・ハンターのジーモン・ヴィーゼンタールが一九七五年、当時の自由党党首、フリードリヒ・ペーターの過去——ナチ親衛隊に所属していた——を暴いたのに対し、クライスキーがペーターを擁護して、クライスキーとヴィーゼンタールとの間で激しい論争が巻き起こったことを指す。ペーターはクライスキーに近く、社会党の政策を黙認していた。

(16)ヴィーゼンタールがクライスキーに対して起こした名誉棄損裁判で、クライスキーは敗訴した（一九八九年)。

(17)米国東部のユダヤ系エスタブリッシュメントの意。

(18)ナチの指導者養成を目的とする寄宿制の中等教育機関。修了すれば、大学入学資格が与えられた。

(19)この年の国民議会選挙で共産党が議席を失って、議会では国民党、社会党、自由党の三党のみとなっていた。

(20)一九八五年に国有企業の巨大な投機損失が明るみに出るきっかけとなった商事会社で、フェスト・アルピーネ・コンツェルン（Voest-Alpine AG）の子会社。この商事会社の投機損失スキャンダルは、広く国有部門に波及していった。なお、フェスト・アルピーネ・コンツェルンは、VÖEST と Österreichisch-Alpine Montangesellschaft が一九七三年に合併して生まれた会社である。

(21)一九一八年のハープスブルク帝国崩壊後、取り残されたドイツ系オーストリア人の間には、自分たちはドイツ民族の一員であり、ドイツと合体すべきである、という合邦思想が根強く存在した。ナチはこれを利用して、一九三八年にオーストリアの「合邦」（占領）を成し遂げた。一九四五年のドイツ敗北後、人々には、やはり自分たちはドイツ人と違うのではないか、自分たちは独自の民族であり、独自の国民である（ネーション＝民族・国民）という観念が徐々に育まれていった。ハイダーはドイツ民族主義の立場から、この戦後の動向に異議を唱えたのである。こうした点を「訳者あとがき」で、もう少し詳しく説明する。

(22)ナチの標語は言った。ドイツに倣えば、世界は健全化するだろう、と。
(23)ハンガリー人の名前は、オリジナルの呼び方に倣って、姓を先に置く。
(24)原語は Euro-Rettungsschirm。これは、欧州金融安定基金 European Financial Stability Facility のこと。
(25)反クルツ・ネガティブキャンペーンを指す。
(26)本書は二〇一八年初頭で記述を終えているので、若干、追記しておく。その後、自由党党首、ハインツ・クリスチャン・シュトラッヘのスキャンダルが発覚して、「黒・青」連立政権は、国民議会の不信任決議の結果、退陣した。新たな選挙（二〇一九年九月）を経て、再びクルツの率いる連立が成立したが、それは国民党と緑党の「黒・緑」連合である。緑党は、二〇一七年の選挙で議席を失っていたが、新たな選挙で再び国民議会に議席を得て、連立に参加した。

人名索引

ア行

カ行

サ行

タ行

ナ行

ハ行

ハープスブルク、オットー　Habsburg, Otto　60
ハイダー、イェルク　Haider, Jörg　82-84, 88, 89, 93-99, 103, 105, 107, 110, 111, 114, 116, 118, 121, 125, 126, 138, 141, 151
バウアー、オットー　Bauer, Otto　17, 18, 34, 49
ハウプト、ヘルベルト　Haupt, Herbert 118
パウロ六世　Paulus PP. VI　74
パパンドレウ、ヨルゴス　Papandreou, Jorgos　126, 127
パルメ、ウーロフ　Palme, Olof　74
バローゾ、ジョゼ・マヌエル・ドゥラン　Barroso, José Manuel Durão　123
ヒトラー、アードルフ　Hitler, Adolf 30, 36, 37, 41, 148, 149
ピルツ、ペーター　Pilz, Peter　134, 136
ヒルトリツカ、アルフレート　Hrdlicka, Alfred　81
ファイ、エーミール　Fey, Emil　33
ファイマン、ヴェルナー　Faymann, Werner　124, 126-130
フィアラ、ゴットリープ　Fiala, Gottlieb 47, 55
フィーグル、レーオポルト　Figl, Leopold　52, 56, 57, 59, 60
フィシャー、ハインツ　Fischer, Heinz 118, 130
ブーゼク、エーアハルト　Busek, Erhard 88, 94, 103, 104
フセイン、サダム　Hussein, Saddam　95
プフリーマー、ヴァルター　Pfrimer, Walter　29, 30
フラニツキー、フランツ　Vranitzky, Franz　81-85, 87, 89-91, 93-96, 98, 103, 105
フランツ・ヨーゼフ一世　Franz Joseph I. 8, 10, 11, 16
ブラント、ヴィリ　Brandt, Willy　64, 74
フリードリヒ三世　Friedrich III.　7
フルシチョフ、ニキータ　Khrushchev, Nikita　56, 58
ブレア、トーニ　Blair, Tony　106
プレーチュニク、ジョゼ　Plečnik, Joze 9
ブレッヒャ、カール　Blecha, Karl　86, 87
プレル、ヨーゼフ　Pröll, Josef　125, 128
フロイト、ジークムント　Freud, Sigmund　9
ブローダ、クリスティアン　Broda, Christian　66
プロクシュ、ウード　Proksch, Udo　86, 87
フントストルファー、ルードルフ Hundstorfer, Rudolf　130, 131
ペーター、フリードリヒ　Peter, Friedrich　66, 74, 80, 150
ベーム、ヨハン　Böhm, Johann　47
ペリンカ、アントーン　Pelinka, Anton 148, 149

マ行

ヤ行

ラ行

訳者紹介

青山孝徳（あおやま・たかのり）

1949年生まれ。1980年名古屋大学大学院経済学研究科博士課程単位取得により退学。ドイツ、オーストリア社会思想史研究。

論文：「1945年のカール・レンナー――スターリンのレンナー探索説とその真相――」（『アリーナ』No.20/2017）等。

翻訳：アルベルト・フックス『世紀末オーストリア 1867–1918　よみがえる思想のパノラマ』（昭和堂 2019）；ジークフリート・ナスコ『カール・レンナー　その蹉跌と再生』（成文社 2019）；批判的研究者のロクーム・イニシャティヴ編『カール・コルシュのアクチュアリティー』（こぶし書房 2019）等。

オーストリア現代史　1918-2018

2021年6月28日　初版第1刷発行

訳　者　青山孝徳
装幀者　山田英春
発行者　南里　功

発行所　成　文　社

〒258-0026 神奈川県開成町延沢 580-1-101
電話 0465 (87) 5571
振替 00110-5-363630
http://www.seibunsha.net/

組版　編集工房 dos.
印刷・製本　シナノ

Printed in Japan

ISBN978-4-86520-055-3 C0022

歴史

オーストリアの歴史

R・リケット著　青山孝徳訳

四六判並製
208頁
1942円
978-4-915730-12-2

中欧の核であり、それゆえに幾多の民族の葛藤、類のない統治を経てきたオーストリア。そのケルト人たちが居住した古代から、ハプスブルク帝国の勃興、繁栄、終焉、そして一次、二次共和国を経て現代までを描いた、今まで日本に類書がなかった通史。　1995

歴史

カール・レンナー　1870―1950

ジークフリート・ナスコ著　青山孝徳訳

四六判上製
208頁
2000円
978-4-86520-013-3

オーストリア＝ハンガリー帝国に生まれ、両大戦間には労働運動、政治の場で生き、そして大戦後のオーストリアを国父として率いたレンナー。本書は、その八十年にわたる生涯を、その時々に国家が直面した問題と、それに対するかれの対応とに言及しながら記述していく。　2015

歴史

カール・レンナー　その蹉跌と再生

ジークフリート・ナスコ著　青山孝徳訳

A5判上製
400頁
5000円
978-4-86520-033-1

二つの世界大戦後の混乱の中で二度の共和国樹立者、つねに調和を重んじ、構想力に富み、前向きで思いやりのある政治家。すでにコンパクトながら包括的な伝記のある著者が、本書でより詳細にレンナー八十年の実像に迫る。粘り強くオーストリアを率いた「国父」の肖像。　2019

歴史

カール・レンナー入門

アントーン・ペリンカ著　青山孝徳訳

四六判上製
176頁
1800円
978-4-86520-050-8

オーストリアの「国父」は死後70年の現在も評価と批判が交錯する人物である。オーストリアの抱える「あいまいさ」――ナチから解放された国であるとともに、ナチとともに犯した加害を忘れた国――を作り出したのはレンナーではないか、と著者は鋭く迫る。　2020

歴史

資本主義の世界像

オットー・バウアー著　青山孝徳訳　水田洋 序論

四六判並製
96頁
1000円
978-4-86520-052-2

本書は一九一六年、シベリアの捕虜収容所において、大きな資料的制約の下で執筆された、バウアーの唯一とも言える哲学的著作である。名著『封建的世界像から市民的世界像へ』の著者フランツ・ボルケナウは、自分が重要な示唆を受け取った著作の一つに本書を上げる。　2020

歴史

ハプスブルクとハンガリー

H・バラージュ・エーヴァ著　渡邊昭子、岩崎周一訳

四六判上製
416頁
4000円
978-4-915730-39-9

中央ヨーロッパに巨大な版図を誇ったハプスブルク君主国。本書は、その啓蒙絶対主義期について、幅広い見地から詳細かつ精緻に叙述する。君主国内最大の領域を有し、王国という地位を保ち続けたハンガリーから眺めることで、より生き生きと具体的にその実像を描く。　2003

価格は全て本体価格です。